PSICOSOLUCIONES

GIORGIO NARDONE

PSICOSOLUCIONES

Cómo resolver rápidamente problemas humanos complicados

Traducción: Juliana González

Herder

Título original: Psicosoluzioni
Traducción: Juliana González
Diseño de la cubierta: Gabriel Nunes

© 1998, RCS Libri S.p.A., Milano
© 2002, Herder Editorial, S.L., Barcelona

2ª edición, 4ª impresión, 2022

ISBN: 978-84-254-2181-5

Cualquier forma de reproducción, distribución, comunicación pública o transformación de esta obra solo puede ser realizada con la autorización de sus titulares, salvo excepción prevista por la ley. Diríjase a CEDRO (**Centro de Derechos Reprográficos**) si necesita reproducir algún fragmento de esta obra (www.conlicencia.com)

Imprenta: Romanyà Valls
Depósito legal: B-40.293-2010

Impreso en España – Printed in Spain

Herder
www.herdereditorial.com

ÍNDICE

Estudios 11
Prólogo 13

1. LA TEORÍA 15
   Construir realidades patológicas 15
   Construir realidades terapéuticas 27

2. LA INTERVENCIÓN CLÍNICA 39
   Relatos de terapias aparentemente «mágicas» 39
   Psicosis o supuestas psicosis 40
      Caso 1: Los vecinos quieren verme desnudo 40
      Caso 2: Tengo una serpiente en la barriga 45
      Caso 3: Delirio y contradelirio 47
      Caso 4: El imán que succiona energía 49
   Miedo, pánico, fobias 52
      Caso 1: La fobia a los espejos 52
      Caso 2: El miedo de salir sola 55
      Caso 3: Sin ti me entra el pánico 59
      Caso 4: El incurable miedo de perder el control .. 61
   Obsesiones y compulsiones 67

Índice

Caso 1: La obsesión de perder el control
    de los esfínteres 67
Caso 2: Esterilizarlo todo para evitar contagios .. 72
Caso 3: La repetición de fórmulas mentales 75
Manías y paranoias 77
    Caso 1: El psiquiatra dependiente de la madre ... 77
    Caso 2: Todos la toman conmigo 80
    Caso 3: Bloquear las respuestas para inhibir las
        preguntas 83
Anorexia, bulimia, vómito 85
    Caso 1: Hacer comer negando el alimento 85
    Caso 2: Te ayudamos a hacerlo mejor 90
    Caso 3: Comer y vomitar, ¡qué maravilla! 95
    Caso 4: Si quieres atiborrarte, ¡hazlo bien! 98
Depresión 99
    Caso 1: Ofrecer un púlpito al depresivo 99
    Caso 2: Sí, vivimos en un valle de lágrimas 101
Parejas en crisis 105
    Caso 1: La pareja que no lograba dejar de pelear . 105
    Caso 2: El muro del silencio 108
    Caso 3: Querido, ¡qué macho eres cuando
        me maltratas! 110
Bloqueo de la *performance* 112
    Caso 1: El bloqueo a hablar en público 112
    Caso 2: Motivar, frustrándolo,
        al atleta bloqueado 114
    Caso 3: La tesis sin fin 116

3. EL «*SELF-HELP* ESTRATÉGICO»: EL AUTOENGAÑO
   TERAPÉUTICO 121
   Identificar las propias soluciones intentadas 133
   Incrementar las posibilidades de elección 135
   Cada cosa conduce a otra cosa 136
   La técnica del escalador 137
   ¿Cómo empeorar la situación? 138
   Imaginar el escenario más allá del problema 139
   La técnica del «como si» 140
   Las peores fantasías 142
   Evitar evitar 143
   Esforzarse por no esforzarse 145
   Enmarcar los recuerdos 146
   El «sano egoísmo» 148
   Prescribirse la fragilidad 152

Epílogo 155

Bibliografía ....
157

ESTUDIOS

Los seres humanos poseen una formidable capacidad de complicarse la vida, pero el hecho que puedan manifestar tormentosas, retorcidas y persistentes patologías, no significa obligatoriamente que sean necesarias terapias igual de dolorosas y prolongadas. La experiencia de conocidos estudiosos y terapeutas ha demostrado, de hecho, que es posible mediante terapias psicológicas basadas en sugestivas y bien focalizadas intervenciones estratégicas, conducir a las personas a eliminar rápidamente sus propios sufrimientos.

A partir de tales consideraciones, se expone en este libro, de manera clara y cautivadora, la forma más evolucionada del modelo de *problem solving estratégico* de la Escuela de Palo Alto, de la cual el autor es uno de los más acreditados investigadores, en su aplicación a los problemas humanos. Giorgio Nardone guía al lector, mediante anécdotas, metáforas, disertaciones y relatos de terapias aparentemente «mágicas», a través de un placentero y útil viaje al descubrimiento del arte de resolver complicados problemas humanos mediante soluciones «simples».

Giorgio Nardone, psicólogo y psicoterapeuta, es fundador

y director del Centro de Terapia Estratégica de Arezzo, docente de Técnica de la Terapia Breve en la Universidad de Siena y representante oficial del Mental Research Institute de Palo Alto. Entre sus obras, traducidas a muchas lenguas, figuran *El arte del cambio* (con Paul Watzlawick); *Miedo, pánico, fobias*, y *Terapia breve estratégica* (con Paul Watzlawick).

PRÓLOGO

Una de las más nefastas convicciones de los últimos cien años, en cuanto a tratamientos terapéuticos, es aquella fundamentada en que si una persona tiene un patología psicológica grave y persistente a lo largo de varios años, su terapia deberá ser igual de complicada y extensa en el tiempo.

Tal creencia pseudocientífica ha resistido durante decenios tanto a la contraria evidencia de los hechos como a la evolución de la ciencia, y todavía persiste en ciertos ambientes, en los cuales quizás es más importante defender la ortodoxia que curar efectivamente los sufrimientos humanos; en estos casos, como dice Hegel, «si los hechos no concuerdan con la teoría, peor para los hechos».

Sin embargo, a lo largo de los últimos treinta años, muchos estudiosos y autores, recuperando antiguos saberes y utilizando las contribuciones de la más actualizada investigación científica, han demostrado y divulgado cómo es posible resolver eficazmente y en tiempo breve la mayoría de las patologías psíquicas y comportamentales. Como afirma Occam: «Todo lo que puede ser hecho con poco, inútilmente se hace con mucho».

En este sentido, quien escribe ha intentado exponer, espero que de forma clara, accesible y de placentera lectura, las ideas y sugerencias derivadas de la experiencia de más de tres mil casos tratados a lo largo de un decenio, la mayor parte de los cuales han sido resueltos en un lapso de pocas semanas. En otras palabras, el propósito de este libro consiste en introducir al lector en este fascinante «arte» de resolver problemas complicados mediante soluciones aparentemente simples.

1
LA TEORÍA

Construir realidades patológicas

«*Soy como una marioneta rota, con los ojos caídos hacia dentro*». *Esta frase de un enfermo mental dice más que la totalidad de los textos sobre la introspección.*

E.M. CIORAN, *Silogismos de la amargura*

Con el fin de introducir mis argumentaciones acerca de la forma en que los seres humanos «construyen» sus propias patologías, creo que puede ser útil basarme en una anécdota real que no viene directamente de la práctica clínica, ya que opino que los terapeutas deberíamos aprender mucho no solo de aquello que acontece en nuestras consultas sino sobre todo de lo que sucede en las usuales interacciones humanas; observar cómo cambia la naturaleza de las cosas; cómo los fenómenos sociales e interpersonales, según sus diferentes manifestaciones, producen patologías o estrategias para resolver patologías; y aprender de estas observaciones cómo afrontar los problemas para los cuales los pacientes nos piden soluciones.

Hace algunos años, en Estados Unidos, un hombre tenía un miedo muy grande a volar, casi una obsesión, simplemente porque temía encontrar una bomba en su avión (nos encontrábamos en la época de los atentados aéreos) y, al mismo tiempo, sentía un amor infinito por las capitales del arte europeo, que no podía ir a visitar a causa de su indomable miedo.

Después de muchas reflexiones, el hombre, que era un apasionado de los cálculos de probabilidades, quiso saber cuántas eran verdaderamente las probabilidades de encontrar una bomba en su propio avión.

Comenzó a llamar a agentes de viajes esperando que estuviesen informados y preguntó:

–Disculpe: ¿me puede decir cuántas probabilidades tengo de encontrar una bomba en el vuelo de Nueva York a París?

Como se puede suponer, la mayoría de los agentes de viaje le contestó:

–¡No tengo tiempo de pensar en esas estupideces!

Hasta que, casualmente, por cuestiones del azar, encontró a un agente de viajes tan apasionado como él del cálculo de probabilidades, que le respondió prontamente:

–Una probabilidad entre cien mil.

Él pensó un poco en esto, y después preguntó:

–Pero permítame, ¿cuántas probabilidades tengo de encontrar dos bombas en el mismo avión?

Y el agente de viajes dijo:

–Pues se tendría que hacer un cálculo exponencial, llámeme dentro de media hora y lo habré hecho.

El hombre llamó después de media hora exacta, y el agente afirmó:

La teoría

–Bien, he hecho el cálculo exponencial: hay una probabilidad entre 100.000.000 de que usted pueda encontrar dos bombas en el mismo avión.

El hombre respondió:
–Bueno, entonces reservo un billete para el vuelo de la próxima semana de Nueva York a París.

El hombre fue arrestado en la puerta de embarque de la TWA: llevaba una bomba dentro de su maletín, y sostenía que obraba de ese modo por el bien de todos porque reducía así, en gran medida, las probabilidades de encontrar otra bomba en el avión.

Esta anécdota extravagante introduce claramente un concepto de fondo, ya bien conocido por el filósofo Locke, quien afirmaba que, en realidad, nosotros consideramos «insensatos a quienes, partiendo de premisas equivocadas y usando una lógica correcta y convincente, llegan a conclusiones erróneas». Hoy diremos, de acuerdo con la moderna filosofía de la ciencia, que cada persona crea su propia realidad sobre la base de lo que hace, guiada por la perspectiva que asume en la percepción de la realidad con la cual interactúa. El lector puede, esforzándose, asumir el punto de vista del hombre de la anécdota y llegar, así, a la comprensión del proceso lógico mediante el cual fue impulsado a construir racionalmente una acción tan irracional como la de llevar una bomba para evitar encontrar otra.

Cada realidad cambia según el punto de vista de quien la mira: esto conduce a reacciones diversas sobre la base de las diferentes atribuciones que se pueden hacer a la misma realidad.

17

En este sentido es iluminadora la historia que sigue:

«En un día muy caliente, en una ciudad del sur de Italia, un padre y su hijo emprenden un viaje, con su asno, para visitar a unos parientes que viven en una ciudad lejana de su comarca. El padre va montado sobre el asno y el hijo camina a su lado; los tres pasan delante de un grupo de personas, y el padre escucha que éstos dicen:

–Miren eso, ¡qué padre tan cruel!: va sobre el asno y su hijito debe andar en un día tan caliente.

Entonces el padre baja del asno, hace subir al hijo y continúan así el camino.

Pasan frente a otro grupo de personas y el padre escucha que éstos dicen:

–Pero miren: el pobre viejo camina, en un día tan caliente, y el joven va muy cómodo sobre el asno; ¡qué clase de educación es ésta!

El padre, entonces, piensa que lo mejor es que los dos vayan sobre el asno, y así continúan el camino.

Un poco después pasan frente a otro grupo de personas y el padre escucha:

–¡Observen qué crueldad!: esos dos no tienen ni un poco de misericordia con ese pobre animal que debe cargar tanto peso en un día tan caliente.

Entonces el padre se baja del asno, hace bajar también a su hijo y continúan caminando junto al asno.

Pasan enfrente de otro grupo de personas, que dicen:

–¡Qué imbéciles esos dos!: en un día tan caliente caminan a pesar de que tienen un asno sobre el cual montar...».

Como el lector puede comprender, la historia podría conti-

La teoría

nuar hasta el infinito: lo que nos muestra es cómo de la misma realidad se pueden tener percepciones y opiniones muy diversas, y cómo, sobre la base de cada una de éstas, las reacciones de las personas cambian.

«No existe una realidad verdadera, sino tantas realidades como se puedan inventar», afirmaba Oscar Wilde.

Por tanto, se debe constatar que no existe un conocimiento realmente *verdadero* de las cosas, solamente puede existir un conocimiento *idóneo*, o bien un conocimiento instrumental que nos permita administrar la realidad con la cual interactuamos. Lo anterior, que caracteriza el punto de vista de la filosofía de la ciencia actual, conduce a tomar distancias de las tesis *deterministas* o *positivistas* que quisieran defender la posibilidad de un conocimiento *científicamente verdadero*, optando por el estudio de los modos más funcionales de proceder con relación a una realidad nunca del todo verdadera, ya que ésta es fruto de los puntos de vista que adoptamos, de nuestros instrumentos cognoscitivos y de nuestros modos de comunicarnos. Este enfoque, denominado *constructivismo*, sobre la base de la conciencia de la imposibilidad de lograr una *verdad definitiva*, se encamina hacia el perfeccionamiento de nuestra *conciencia operativa*; o sea de nuestra capacidad de administrar estratégicamente la realidad que nos circunda. Éste, sin embargo, no es un conocimiento del todo moderno; ya Epicteto, el filósofo de la antigüedad, afirmaba: «no son las cosas en sí mismas las que nos preocupan, sino la opinión que tengamos de ellas».

Kant, en su *Crítica de la razón pura*, aseguraba que muchas veces los seres humanos confunden los resultados de su

19

modo de definir, deducir o clasificar los conceptos con las cosas en sí mismas.

En el antiguo budismo zen se tienen dos concepciones de la verdad: la *verdad de esencia* y la *verdad de error*. La verdad de esencia se alcanza mediante la *iluminación*, o bien trascendiendo la realidad concreta, porque la esencia está en lo trascendente y no en la vida terrena; por tanto, tal verdad no puede ser alcanzada en el curso de la vida de un ser humano.

Las verdades de error son, en cambio, aquellas verdades instrumentales parciales que se construyen en la relación con las cosas terrenales para incrementar nuestra capacidad de gobernarlas. Los seres humanos, en la mejor de las hipótesis, podemos perfeccionar nuestra capacidad de inventar «verdades de error».

Como se puede ver, la moderna epistemología constructivista, o mejor la contemporánea filosofía de la ciencia, reúne antiguos saberes de Oriente y Occidente, aunque llega a tales consideraciones mediante la evolución experimental de la ciencia aplicada. Es, de hecho, gracias a las ciencias «exactas» que se llega a la constatación de la absoluta imposibilidad de tener certezas científicas definitivas.

Desde que Einstein y Heisenberg iniciaron la revolución científica de la física contemporánea, introduciendo la *relatividad* y el *principio de indeterminación*, la ciencia moderna se ha orientado hacia la búsqueda de un conocimiento instrumental y operativo y ha dejado de lado la búsqueda de verdades absolutas. De la misma forma, desde que Gödel (1931) con su tratado sobre las *Proposiciones indecidibles* demolió la posibilidad de una lógica rigurosamente racional, la lógica matemática ha evolucionado hacia el desarrollo de modelos

La teoría

que contemplan la contradicción, el autoengaño y la paradoja como procedimientos rigurosos y predictivos en la construcción de las creencias y del comportamiento humano.

En palabras de Von Glasersfeld (1995), hoy se debe adaptar nuestro conocimiento a las realidades parciales, construyendo, frente a los problemas, estrategias que se basen cada vez más en los objetivos que nos trazamos, y que se adapten paso a paso al desarrollo de tales realidades. De modo que la transición es de un conocimiento que pretende describir la verdad de las cosas, el positivista y determinista, a un conocimiento, el constructivista, que nos permite adaptarnos eficazmente a lo que percibimos y cuyo desarrollo se presenta mediante un conocimiento operativo que nos enseña a gobernar la realidad del modo más funcional posible.

Después de estas divagaciones teóricas, quizá tediosas pero indispensables para dejar claro al lector el rigor científico de las afirmaciones presentadas, podemos retornar al ejemplo del hombre que carga en su maletín una bomba para reducir la probabilidad de encontrar una bomba terrorista en su avión, ya que este ejemplo introduce otro aspecto fundamental para el conocimiento de los problemas humanos, para saber cómo se construyen, y de qué manera pueden ser resueltos; es decir que lo que construye una patología y la mantiene es precisamente lo que las personas intentan hacer para resolverla.

Una tentativa de solución que no funciona, si es reiterada, no solo no resuelve el problema, sino que lo complica, hasta inducir a la construcción de un verdadero círculo vicioso, en el interior del cual lo que se hace para cambiar alimenta la persistencia de lo que debería ser cambiado.

Esta idea, formulada por primera vez por los teóricos de la Escuela de Palo Alto (Watzlawick y otros, 1974), puede aclararse mejor mediante un ejemplo concreto: la persona que sufre un trastorno fóbico intenta usualmente evitar las situaciones que le desencadenan el miedo, pero es precisamente el evitar tales situaciones lo que incrementa la reacción fóbica. Cada fuga, de hecho, confirma la peligrosidad de la situación evitada y conduce a una nueva fuga, hasta que, en virtud de este círculo vicioso de soluciones intentadas que aumentan el problema, el sujeto fóbico llega a sumirse en un aislamiento casi total. Llegados a este punto habrá literalmente «construido» un trastorno fóbico generalizado.

Si a la estrategia de fuga personal de tales sujetos, como es usual en estos casos, se añade la tentativa de solución del soporte y de la ayuda ofrecida por los que viven en torno a ellos, el problema se complica ulteriormente. La ayuda recibida por quien tiene miedo de afrontar determinadas situaciones, de parte de personas queridas que lo acompañan y lo apoyan, tiene el efecto de confirmar a éste, aún más, que solo no lo habría logrado (Nardone, 1993).

Así que la suma de un intento de solución personal y una tentativa de solución relacional, reiteradas en el tiempo, conducen al efecto final de un incremento formidable de la patología que habrían debido atenuar.[1]

1. Las investigaciones desarrolladas por el autor y sus colaboradores sobre miles de casos de formas graves de trastornos fóbicos demuestran concretamente tales afirmaciones: una patología grave viene a constituirse sobre la base de las reacciones a fenómenos inicialmente tenues; tales reacciones, que pretenden controlar el miedo, en su disfuncionalidad lo incrementan hasta conducirlo a una elevada expresión patógena.

La teoría

Lo que es sorprendente para muchos es que lo que guía a las personas a reiterar la práctica de actitudes y comportamientos disfuncionales no es un freudiano «instinto de muerte» y mucho menos una «propensión genética» a la patología, sino el aplicar, de manera rígida, soluciones que anteriormente habían funcionado en problemas del mismo tipo; pero una buena solución, empleada para un mismo problema en tiempos diferentes puede convertirse en una pésima solución, asimismo un comportamiento adecuado en una determinada circunstancia puede ser completamente inadecuado en otra muy similar a la anterior. El problema, por lo tanto, radica en aplicar tentativas de solución aparentemente adecuadas y sobre todo en insistir en su aplicación incluso después de comprobar el fracaso.

Los seres humanos, como demuestra la moderna psicología cognitiva y de las atribuciones, tienen dificultad en cambiar sus puntos de vista y sus esquemas comportamentales aun cuando éstos resultan inadecuados. Se dice, en efecto, que el hombre desea más reconocer que conocer. En otros términos, todo esto reconduce a una antigua fábula griega que narra la historia de «una mula que todas las mañanas llevaba una carga de leña desde la granja en el valle hasta la cabaña en la montaña, pasando siempre por el mismo sendero a través del bosque, subiendo por la mañana y regresando al anochecer. Una noche, durante una tormenta, un rayo derribó un árbol que obstruyó el sendero. A la mañana siguiente la mula, caminando por su habitual trayecto, tropezó con el árbol que le impedía el camino. La mula pensó: "El árbol no debe estar aquí, está en un lugar equivocado" y continuó hasta golpear su cabeza contra el árbol, imaginando que éste se desplazaría, ya que ése no era su puesto. Entonces la mula pensó: "Quizá no he dado un golpe lo suficientemente fuerte"; pero el árbol no se movía. La mula insistió repetidamente». Dejo intuir al lector el trágico final de la antigua fábula griega.

Encuentro en esta metáfora una excelente analogía con aquello que los seres humanos ponen en práctica cuando crean una patología; y pensar que como en el caso de la mula la mayoría de las veces bastaría poco, solo algo de elasticidad mental, para evitar construir el problema.

La vida está llena de eventos problemáticos para cualquiera; la diferencia está en «cómo» cada uno de nosotros afronta estas realidades, ya que esto conducirá a aplicar tentativas que pueden llevar no solo a la no-solución del problema que se quería resolver sino, incluso, a su complicación. Por tanto, lo que construye un problema no es tanto un error de percepción y de reacción sino la rígida perseverancia en la posición asumida y en las acciones que derivan de ésta. Como ya fue referido, las patologías psicológicas, usualmente, se construyen por la utilización, por parte de la persona, de una o más soluciones que a menudo son reconocidas por el mismo sujeto como no funcionales pero que no logra modificar. Tal rígido sistema de percepciones y reacciones, con relación a una determinada realidad, mantiene el problema, lo complica, y con frecuencia conduce al sujeto a desconfiar de la posibilidad de un cambio.

De modo que las «soluciones intentadas» disfuncionales se convierten en el problema (Watzlawick y otros, 1974).

En otros términos, errar es humano pero es la incapacidad de modificar los propios errores lo que vuelve las situaciones irresolubles. Tal dificultad de cambiar nuestras estrategias, a

La teoría

la que he aludido anteriormente, reside en el hecho de que éstas derivan de experiencias precedentes de resultados favorables al afrontar problemas de la misma tipología. En otras palabras, como dice Oscar Wilde: «es con las mejores intenciones que se producen los peores efectos».

La demostración experimental de este asunto se deriva de los famosos experimentos realizados en la universidad de Stanford por el psicólogo Bavelais, que sometió a varios sujetos al experimento que sigue: el investigador dice al sujeto:

–Ahora leeré un cierto número de cifras de dos en dos; usted debe decirme si las cifras de las parejas se relacionan o no entre sí».

Invariablemente, al inicio de la prueba el sujeto quiere tener información más precisa respecto a cómo estos números deberían relacionarse.

El investigador le explica que la tarea es precisamente descubrir tales nexos.

De esta manera, se induce al sujeto a creer que su tarea está vinculada con los experimentos de prueba y error, y que puede, por lo tanto, comenzar a dar respuestas, que serán gradualmente más precisas, hasta alcanzar la correcta.

Al comienzo, el investigador declara siempre incorrectas las respuestas del sujeto; después, sin ningún nexo con la respuesta, empieza a declarar acertadas algunas respuestas. A medida que avanza el experimento, el investigador incrementa la frecuencia de las respuestas consideradas acertadas, de manera casual, sin ninguna valoración efectiva de la respuesta, y así procede el experimento, de modo que el individuo tenga la impresión de incrementar progresivamente la certeza de sus respuestas.

Cuando se ha llegado a un buen nivel de esta artificiosa y falsa corrección, el psicólogo interrumpe el experimento y pide al sujeto que le explique cómo ha formado en su mente los modelos lógicos que lo han llevado a avanzar en el experimento. Normalmente, las explicaciones ofrecidas son complicadísimas, a veces absolutamente incomprensibles. En este momento, el investigador revela el truco y manifiesta que al declarar correctas o incorrectas las respuestas no había ningún sentido lógico, se trataba solo de un guión prestablecido. No existía ninguna coherencia real entre las preguntas y las respuestas, ningún nexo matemático, lógico, figurativo, etc. La definición de los éxitos y los fracasos había sido independiente de las respuestas.

Lo que es oportuno para nuestro tema, es que en este punto la mayor parte de los sujetos rehúsa creer al psicólogo y manifiesta una grandísima dificultad en abandonar la visión que se ha construido en su mente. Algunos tratan, incluso, de convencer al investigador de que existen verdaderamente nexos lógicos de los cuales él no se ha dado cuenta aún.

Este experimento, como muchos otros del mismo tipo, demuestra claramente cómo una persona tiene grandes dificultades en cambiar una convicción propia, después de haberla creado mediante un proceso experiencial vivido como eficaz. Todo esto deja claro cómo, aún teniendo pruebas concretas, las personas insisten en aplicar estrategias de soluciones disfuncionales con relación a una determinada realidad, y cómo lo que mantiene los problemas es lo que hacemos, sin éxito, para resolverlos.

Construir realidades terapéuticas

> *Reconducir algo desconocido a algo conocido alivia, tranquiliza, satisface y da también una sensación de poder. Lo incógnito conlleva además el peligro, la inquietud, la preocupación; el primer instinto es el de abolir estas desagradables situaciones. Primer principio: una explicación cualquiera es mejor que ninguna explicación. Ya que fundamentalmente se trata solo de una voluntad de liberarse de ideas opresivas, no se hila fino en cuanto a los medios para liberarse de ellas: la primera idea que explica lo desconocido como conocido hace tanto bien que ya se la «considera verdadera». [...] El instinto de las causas está entonces determinado y avivado por el sentimiento del miedo.*
>
> FRIEDRICH NIETZSCHE. *Cómo se filosofa a martillazos*

De cuanto se ha expuesto hasta aquí parece evidente que lo que se debe considerar en relación con el cambio no es entonces el modo en el que el problema se ha formado en el pasado, sino cómo éste se mantiene en el presente. Lo que debemos interrumpir, cuando queremos cambiar una realidad, es su persistencia; sobre su formación ocurrida en el pasado, no tenemos ningún poder de intervención.

Esta consideración aparentemente obvia descarta la mayor parte de los modelos terapéuticos psicológicos y psiquiátricos, los cuales, sobre la base de una epistemología determinista o reduccionista, se ocupan de reconstruir las causas pasadas de un problema presente, con la convicción que, una vez éstas sean reveladas y hechas conscientes, el problema desaparecerá. En realidad no existe ninguna conexión «causal lineal» entre cómo un problema se crea y cómo éste persiste, sobre todo no existe ningún nexo lógico entre *cómo* el problema se crea y *cómo* puede ser cambiado y resuelto. En cambio, existe una «causalidad circular» entre cómo un problema persiste y lo que las personas hacen para resolverlo sin éxito. Esto conduce a destacar que, cuando se pretende provocar cambios, lo importante es concentrarse en las tentativas de solución disfuncionales en curso; ya que cambiando o bloqueando éstas se interrumpe el círculo vicioso que alimenta la persistencia del problema. Una vez interrumpida tal repetitividad se habrá abierto la vía al verdadero cambio alternativo; es más, esto no solo será probable, sino inevitable, en cuanto la ruptura del equilibrio precedente conducirá a la necesidad del establecimiento de uno nuevo, basado en las nuevas percepciones de la realidad.

Para hacer comprensible un proceso de cambio de este tipo, es útil recurrir a otro ejemplo derivado de la psicología experimental (Orstein, 1986), o mejor a una experiencia que el lector puede desarrollar directamente.

El experimento es el siguiente: coloque tres baldes de agua enfrente suyo, uno con agua muy caliente, otro con agua muy fría y un tercero con agua tibia. Ahora sumerja la mano derecha en el agua caliente y la izquierda en la fría. Después de algunos minutos meta las dos manos al mismo tiempo en el agua tibia. Tendrá una experiencia un tanto desconcertante. Para la mano derecha el agua será muy fría, para la izquierda

La teoría

muy caliente. Aunque ambas reciben impulsos del mismo cerebro, la mano derecha no sabe lo que la mano izquierda hace y lo que es verdaderamente interesante es que según la percepción de la mano derecha usted debería agregar agua caliente y según la mano izquierda tendría que agregar agua fría. Entonces resulta evidente cómo es nuestra percepción de las cosas lo que construye literalmente la realidad de nuestros comportamientos y cómo nuestra percepción está construida sobre la base de lo que hemos experimentado y creído precedentemente. En consecuencia, la intervención que conduce al cambio es la que provoca experiencias perceptivas concretas que pongan a la persona en condiciones de sentir algo distinto con relación a la realidad que debe cambiar, para abrir de este modo la puerta a reacciones diferentes, ya sea de tipo emotivo o comportamental. De esta manera se verifica no solo un cambio en el comportamiento, como nos acusa algún crítico, ni solo un cambio en las cogniciones, ni un cambio simplemente en las emociones; sino un cambio que sucede tanto a nivel de emociones, como de conocimientos y comportamientos a raíz de una experiencia concreta que modifica el modo de percibir la realidad.

Llevando al ámbito clínico lo que ha sido expuesto hasta aquí, se deduce una formulación de la terapia completamente distinta de las tradicionales, ya sea desde un punto de vista teórico ya sea aplicativo.

Considerados desde esta perspectiva, en efecto, los trastornos mentales son vistos como el producto de una modalidad disfuncional de percepción y reacción, en relación con la realidad, literalmente construida por el sujeto a través de sus reiteradas disposiciones y acciones; proceso «de construcción» en el interior del cual, como ya fue demostrado, si cambian las modalidades perceptivas de la persona cambiarán también sus reacciones.

La mentalidad del *problem-solving* estratégico, que es la base de la terapia breve, está guiada por esta lógica aparentemente simple que en la práctica clínica se expresa conduciendo al paciente, habitualmente mediante estratagemas, trampas comportamentales, mentiras benéficas y métodos de refinada sugestión, a experimentar percepciones alternativas de su realidad.

Tales experiencias perceptivas, nuevas y correctivas, como ya se ha dicho, llevarán a cambiar las precedentes disposiciones disfuncionales emotivas, cognitivas y comportamentales del sujeto.

La terapia estratégica es una intervención breve y focal orientada a la extinción de los trastornos presentados por el paciente. Este enfoque no es una terapia superficial y sintomática sino una intervención radical, ya que apunta a la reestructuración de las maneras en que cada uno construye la realidad que luego afronta.

El argumento clínico de fondo consiste en que la superación del trastorno requiere la ruptura del sistema circular de retroacciones entre sujeto y realidad el cual mantiene la situación problemática. A esta primera fase, le seguirá la redefinición y la consiguiente modificación de las representaciones del mundo que obligan a la persona a crear respuestas disfuncionales.

Desde esta perspectiva, el método de conducción de la terapia es radicalmente distinto del tradicional de la psicoterapia a largo plazo. Por ejemplo, el terapeuta, en vez de adoctrinar al paciente con su teoría y su lenguaje, trata de entrar en su lógica

La teoría

y usar su mismo lenguaje y sus mismos modelos de representación del mundo, con el fin de eludir las resistencias al cambio.

El recurrir a noticias o informaciones sobre el pasado o sobre la llamada «historia clínica» del sujeto representa solo un medio para poder preparar las mejores estrategias de solución de los problemas y no un procedimiento terapéutico como en las formas convencionales de psicoterapia.

La atención terapéutica está enfocada a:

a) Cómo la persona y las personas que la rodean han intentado y siguen intentando resolver el problema sin obtener éxito, o sea los intentos de solución que alimentan el problema.

b) Cómo es posible cambiar tales situaciones problemáticas del modo más rápido y eficaz, o sea las estrategias que puedan conducir a experiencias alternativas de percepción y reacción.

Después de haber acordado con el paciente los objetivos de la terapia se crean, sobre esta base, las estrategias terapéuticas que apuntan a quebrantar las distintas modalidades de persistencia del problema.

La primera fase del tratamiento ocupa un rol extremadamente importante, que consiste en abrir nuevas perspectivas al paciente, que luego serán en poco tiempo reforzadas a través de indicaciones concretas. Para tal fin, se recurre al empleo de formas de comunicación sugestiva que permiten eludir las resistencias al cambio y disponer las prescripciones que llevarán a la persona a experimentar una modificación real y concreta.

Si la intervención funciona, generalmente el paciente mejora rápidamente; en la mayor parte de los casos la patología se desbloquea en las primeras cuatro o cinco consultas. Tan rápido cambio conduce a una modificación progresiva de la percepción de sí mismos, de los otros y del mundo; de la precedente rigidez patógena se pasa a una elasticidad perceptivo-reactiva.

Tal cambio produce un progresivo aumento de la autonomía personal y un incremento de la autoestima, al recuperar la fe en los propios recursos personales.

Visto de este modo, parece absurda la usual creencia según la cual los problemas y molestias que persisten desde hace mucho tiempo necesitan obligatoriamente, para ser resueltos, de un tratamiento igual de largo y tormentoso.

Muchas veces, mediante un plan estratégico bien pensado y aplicado, se pueden resolver, como se expone en el próximo capítulo, en tiempos cortos, a veces después de una sola consulta, problemas y trastornos radicados desde hace años.

Obviamente existen casos que requieren una terapia más larga y otros una más breve. No obstante, estamos convencidos de que si una terapia funciona los cambios tienen que aparecer rápidamente. Si esto no sucede, muy probablemente la estrategia terapéutica empleada no funciona y se hace necesario cambiarla por una más eficaz. Para tal fin, se necesita un terapeuta con una gran elasticidad mental, junto con un amplio repertorio de técnicas de intervención para permitir cambiar de rumbo cuando los datos lo indiquen y estudiar estrategias «ad hoc» para cada caso, modificando a veces con creatividad técnicas que ya han sido empleadas con éxito en otros casos.

La teoría

A veces puede ser también necesario frente a casos inusuales inventar nuevas y originales estrategias de solución.

La primera formulación de un modelo de terapia breve estratégica la debemos al famoso grupo de estudiosos del Mental Research Institute de Palo Alto (Watzlawick y otros, 1974; Weakland y otros, 1974). Estos investigadores sintetizaron el fruto de sus pesquisas en la comunicación y en la terapia con las familias, con las contribuciones técnicas de la hipnoterapia de Milton Erickson, llegando a la formulación de un modelo sistemático de terapia breve aplicable a una gran variedad de patologías con resultados verdaderamente sorprendentes.

Sin embargo, la tradición pragmática y la filosofía del estratagema como clave para resolver problemas, tienen una historia mucho más antigua. Se encuentran, de hecho, contribuciones estratégicas que no han perdido su actualidad, por ejemplo, en el arte de la persuasión de los sofistas, en la antigua práctica del zen o en el *Libro de las 36 estratagemas* de la antigua China.

A partir de los años setenta, la evolución de la terapia breve fue casi epidémica, a pesar de algunas reticencias por parte de algunos autores ligados a las teorías y prácticas clínicas tradicionales. Muchas han sido las contribuciones hechas por investigadores y terapeutas que han difundido internacionalmente este enfoque de los problemas humanos y de su solución.[2]

---

2. Watzlawick-Weakland-Fisch, 1974; Weakland y otros, 1974; De Shazer, 1982a, 1982b, 1984, 1985, 1988a, 1988b; Madanes, 1981, 1984, 1990, 1995; O'Hanlon, 1987; O'Hanlon-Wilk, 1987; O'Hanlon-Weiner-Davis, 1989; Berg, 1994; Nardone-Watzlawick, 1990; Nardone, 1991, 1993, 1995; Omer, 1992, 1994; Cade-O'Hanlon, 1993; Bloom, 1995; Watzlawick-Nardone, 1997.

Además, la creciente demanda por parte de usuarios menos preparados que reclaman intervenciones clínicas realmente eficaces y eficientes, ha convertido a la terapia breve estratégica en una exigencia formativa inevitable aun para los profesionales de la psicoterapia más tradicionalistas, quienes, para afrontar la competencia, necesitan incorporar técnicas idóneas para resolver en tiempo breve los problemas de sus pacientes.

A este respecto considere el lector, más allá de la aparente extravagancia de ciertas intervenciones terapéuticas, que los resultados obtenidos a nivel de real eficiencia terapéutica mediante la aplicación de la terapia breve estratégica en sus formas sistemáticas (Watzlawick y otros, 1974; Haley, 1973; De Shazer, 1985-88-91; Nardone-Watzlawick, 1990; Nardone, 1991-93; Cade-O´Hanlon, 1993; Watzlawick-Nardone, 1997) demuestran inequívocamente que ésta es, absolutamente, la forma de psicoterapia que garantiza los mejores resultados con los menores riesgos.

Existe, en efecto, una gran diferencia entre resolver una patología en dos o tres meses, o en dos o tres años, o bien en cinco o siete años, como en el caso del psicoanálisis, ya que en el primer caso, con relación a los otros, la persona objeto del tratamiento gana una considerable parte de su vida libre de sus trastornos. Esta última realidad creo que es, más allá de las polémicas académico-parroquiales entre las ortodoxias de la psicoterapia, lo único que cuenta.

En 1974, el grupo del Mental Research Institute, sobre un grupo estudiado de noventa y dos pacientes afectados por variados tipos de patología psíquica y comportamental, llega, en dos tercios de los casos, a la solución de los problemas presentados en un promedio de siete consultas.

En 1988, Steve de Shazer y sus colegas muestran cómo en más de 500 casos estudiados se ha encontrado la cura aproximadamente para el 75% en un promedio de cinco visitas. En 1990, Nardone y Watzlawick presentan un estudio sobre la eficacia de un modelo avanzado de terapia breve aplicado a más de 100 sujetos, que presenta resultados positivos en el 84% de los casos en un promedio de diez visitas.

En 1993, el autor de esta obra expone los resultados obtenidos mediante un modelo específico de tratamiento para los trastornos fóbico-obsesivos generalizados: sobre 152 casos tratados el 87% se resolvió en un promedio de once visitas.

En 1997, por último, en una reseña sobre las contribuciones más avanzadas de la terapia breve estratégica (Watzlawick-Nardone, 1997), se presentan los resultados obtenidos, en diversas naciones, del estudio de miles de casos por parte de varios autores, aún más significativos y estimulantes, y además se pone en evidencia la aplicabilidad de este método terapéutico a la mayor parte de las patologías psicológicas y psiquiátricas.

A estas alturas, creo que puede quedarle claro al lector, más allá de presunciones o falsas modestias, que la terapia breve estratégica es, según los resultados concretos, el modelo psicoterapéutico (entre los más de 500 actualmente presentes en el mercado de la psicoterapia) que ofrece los resultados más significativos por lo que se refiere a su eficiencia.

No obstante, como el lector ya ha comprendido, el enfoque estratégico no es solo un modelo terapéutico sino una verdadera escuela de pensamiento sobre cómo los seres humanos se relacionan con la realidad, o mejor, sobre cómo cada uno de nosotros se relaciona consigo mismo, con los otros y con el mundo, y sobre cómo mediante tal proceso el sujeto construye la realidad que él mismo sufre o maneja.

Esta característica conlleva que tal método encuentre con éxito aplicación también en ámbitos no clínicos, como por ejemplo el administrativo y organizativo, contexto en el cual la atención a la concreta eficiencia de las intervenciones encuentra su máxima expresión. No es casual que la literatura administrativa de los últimos decenios esté repleta de contribuciones de enfoque estratégico.

Menos conocida y menos estudiada es, en cambio, la aplicación de este modelo a la lógica del autoengaño personal, o sea cómo un sujeto puede transformar autónomamente sus propios autoengaños de disfuncionales a funcionales. Una más amplia exposición, que considero decididamente importante, sobre algunas estrategias creadas para este propósito, se encontrará en la última parte de este volumen.

Para concluir este capítulo, dedicado a los aspectos teóricos y aplicativos, creo que es importante encuadrar metafóricamente cuanto hasta aquí fue expuesto, e introducir al lector a los capítulos sucesivos a través de una historia que encierra en sí misma ya sea el «rigor» ya sea la «magia» de una buena intervención estratégica: «Alí Babá antes de morir dejó a sus cuatro hijos 39 camellos en herencia. El testamento disponía que tal herencia fuese distribuida del siguiente modo: al hijo mayor le correspondía la mitad, al segundo un cuarto, al tercero un octavo y al más joven un décimo de los camellos. Los cuatro hermanos estaban discutiendo con animosidad, porque no lograban ponerse de acuerdo. Pasaba por ahí un sabio errante, quien atraído por la disputa, intervino resolviendo de esta manera casi mágica el problema de los hermanos. El sabio agregó su camello a los 39 de la herencia y empezó a hacer divisiones bajo la mirada atónita de los hermanos: al mayor le entregó veinte camellos, al segundo le dio diez, al tercero cinco y al más joven cuatro. Hecho esto montó sobre el camello restante, considerando que era el suyo, y continuó su errar». (Eigen, 1986, pág. 140).

Esta forma de intervención es «mágica» solo aparentemente, en cuanto es fruto de una aplicación altamente rigurosa de los principios de persistencia y solución de los problemas. Tales principios prevén, en su aplicación, una adaptación creativa a las circunstancias con el fin de que éstas sean capaces de romper los «encantamientos» representados por los complicados y autoreverberantes problemas humanos. (Nardone, 1993, pág. 25).

2

LA INTERVENCIÓN CLÍNICA

Relatos de terapias aparentemente «mágicas»

> *Lo que distingue a las mentes verdaderamente originales no es ver por primera vez algo nuevo, sino ver como nuevo algo viejo, conocido desde siempre, visto y olvidado por todos.*
>
> FRIEDRICH NIETZSCHE, *Cómo se filosofa a martillazos*

Este capítulo está formado por el relato de una serie de casos clínicos ejemplares, que se refieren a las clases más importantes de patología psíquica y comportamental, seleccionados entre más de tres mil casos tratados por el autor y sus colaboradores, a lo largo del último decenio, en el Centro de Terapia Estratégica de Arezzo. Algunos de los casos representan ejemplos de estrategias convertidas posteriormente en verdaderos protocolos específicos para el tratamiento de algunas patologías considerables (Nardone-Watzlawick, 1990; Nardone, 1993; Watzlawick-Nardone, 1997), otros muestran intervenciones creadas especialmente para un determinado caso y por tanto pueden ser consideradas puros juegos creativos.

La elección de la forma narrativa, en vez de una transcripción exacta de las videograbaciones, como ha sido efectuado en otros volúmenes más especializados (Nardone, 1991, 1993), surge de la idea de hacer más placentera y accesible la lectura del texto a un público más amplio, constituido no solo por profesionales del sector sino por cualquiera que desee conocer el arte de resolver problemas complicados mediante soluciones aparentemente simples.

Psicosis o supuestas psicosis

Caso 1: Los vecinos quieren verme desnudo

Éste es el caso de un hombre que no tenía ninguna intención de venir a terapia, y que por lo tanto fue traído a través de un pequeño engaño: se pidió a los familiares que le comunicaran que era necesaria su ayuda para curar a su hija afectada por crisis depresivas. Tal estrategia, de invitar a un paciente reacio a visitar al terapeuta no para tratarlo a él sino para ayudar a un paciente cercano «enfermo», representa un excelente método para iniciar una terapia indirecta.

El señor padecía una extraña forma de la denominada paranoia persecutoria: estaba convencido de que sus vecinos lo observaban a través de unas cámaras de vídeo escondidas en el techo, y que lo estudiaban, exactamente en el momento en que se iba a la cama, o sea mientras se desnudaba. No era un

La intervención clínica

«top model», solamente un hombre de casi sesenta años que tenía fija esta idea de que lo observaban mientras se desnudaba.

Me visita, y mientras hablamos al comienzo sobre su hija, en un cierto momento me dice:

–Mire, ya que estamos aquí, me han dicho que usted es un experto en estrategias. Tengo un problema con los vecinos. Me espían con unas cámaras de vídeo. Es exactamente como en una guerra. Usted debe darme alguna estrategia, ya que es tan estratégico.

Me muestro interesado por el problema, y sin contradecirlo ni discutir la veracidad de sus afirmaciones, le pregunto qué había hecho hasta el momento para combatir tales agresiones. Así que me explica sus «soluciones intentadas». La primera había sido la de cambiar de casa cada vez que se manifestaba el problema: lo cual puso en práctica tres veces, hasta que, por seguridad, la última vez se había mudado a un apartamento arriba del cual no habitaba nadie. Parecía que las cosas habían mejorado verdaderamente.

Pero, por cuestiones del azar, sucedió algo imprevisible. ¿Quién vino a vivir en el piso de arriba? El propietario de un negocio de óptica que vendía cámaras de vídeo. Así que recomienza su paranoia, de manera aún más potente, induciéndolo a cambiar de estrategia.

–Ustedes me estudian, me observan, ¡pues yo los perseguiré!

Así que comenzó a perseguir a los vecinos por medio de llamadas nocturnas amenazadoras y ellos se dirigieron a la policía. Intimidado por las fuerzas del orden, debió abandonar las agresiones a sus vecinos, pero encontró otra solución «genial»: colocar sobre su cama un dosel con una gran tela negra, de aquellas gruesas que no permiten ver más allá.

Psicosoluciones

Él relata:

–Mire, en un comienzo parecía que era una cosa definitiva porque yo entraba en el interior de la tela negra, me desnudaba en la cama, tiraba afuera la ropa; de la misma forma me ponía, en la mañana, la bata, me vestía bajo el dosel de manera que nadie podía observarme.

Justo entonces comienza la guerra del Golfo, y él, en medio de las imágenes de la televisión descubre que existen algunas cámaras que pueden ver más allá de las paredes. Por tanto su fijación cobra vigor. Entonces recomienza su batalla contra los vecinos, todavía en curso.

Después de haberlo escuchado atentamente, le digo:

–Bien, pero ¿usted no ha pensado que hay un método que han usado, en la guerra, para bloquear la capacidad que tienen las cámaras de los aviones de grabar imágenes?

Él replica:

–No lo conozco, dígamelo por favor.

Entonces le pregunto:

–¿Cómo se hace para encandilar cualquier cosa?

Y él:

–¡El flash, se usa un potente haz de luz para encandilar!

Yo digo:

–¡Perfecto! Si mandamos un fuerte haz de luz, las cámaras no podrán ver. Así que, por favor, haga este experimento a partir de hoy y durante las próximas dos semanas. Vaya a su casa y compre algunas lámparas potentes, póngalas alrededor de la cama, todas las noches antes de acostarse enciéndalas, encandilará las cámaras.

El hombre, en la siguiente visita, relató que fue a su casa, y

La intervención clínica

puesto que deseaba estar seguro de la eficacia de la estrategia, compró algunos faros arquitectónicos, de 300 vatios cada uno, y los puso a los pies de la cama.

–La primera noche los dejé encendidos siempre, los pusimos verdaderamente entre la espada y la pared. ¡Dejaron de observarme! La segunda noche quise saber cuánto podían resistir los efectos de nuestra estrategia, entonces los encendí durante una hora. Después de una hora los apagué y quise saber si se hacían los listos, ¡pero no se atrevieron! Desde entonces los he prendido siempre solamente una hora antes de ir a la cama.

Y dice todavía :

–¡Probablemente hemos vencido!

Le respondo:

–Pero no, no se fíe, el enemigo siempre actúa solapadamente, así que le recomiendo que de aquí a los próximos quince días, antes de acostarse, dispare un fogonazo, aunque ellos no enciendan sus cámaras, es preventivo, les hará sentir su poder.

Él mantiene las lámparas encendidas durante una hora, después regresa y dice:

–Sabe, después de algunos días me he dado cuenta de que no encendían más las cámaras, por el contrario creo que las han quitado. Entonces he cesado los fogonazos.

Pero yo replico:

–Aún debe estar atento, ellos pueden empezar de nuevo cuando menos se lo espere. Le sugiero que de aquí a que nos veamos, dentro de algunas semanas, continúe disparando sus fogonazos.

Regresa algunas semanas después y relata:

43

–Pues bien, hemos vencido definitivamente, las cámaras no están más, no me observan más.
Y, con la voz un poco quebrada, me dice:
–¿Y si me lo hubiese inventado todo?
Yo lo observo y le respondo:
–Pero según usted, ¿habríamos hecho todo esto si no hubiese sido real? ¡Continúe, por favor, no desista precisamente ahora!
Volvió después de un mes y me dijo:
–¡Creo que me lo he inventado todo verdaderamente! Y que usted me ha hecho saberlo por medio de sus estrategias.

Este ejemplo clínico, simpático si queremos, muestra cómo se pueden efectivamente curar en tiempo breve patologías graves, y cómo, a veces, esto se puede efectuar indirectamente, sin haber ni siquiera construido la idea de la terapia tradicional. El señor del caso narrado no sabía que era objeto de una intervención terapéutica. Solicitaba ayuda para un problema, casi una guerra entre él y aquéllos que, desde su punto de vista, lo perseguían, mientras en realidad él era el perseguidor. Para aminorar sus reticencias y conducirlo a cambiar su percepción de la realidad, utilizamos su lógica y su modo de representarse la realidad conduciéndolo mediante una serie de concretas «experiencias emocionales correctivas» a dudar de sus anteriormente inquebrantables convicciones. Todo esto hasta el punto que él mismo, sin ninguna sugerencia directa, llegó a descubrir en cuál trampa mental se había metido solo después de haber salido concretamente de ella, gracias a una intervención que respetando su lógica la condujo a su paradójica saturación y ruptura.

Caso 2: Tengo una serpiente en la barriga

Me traen a un joven presa de una crisis terrible de angustia provocada por un «ataque de delirio»; los familiares relatan que el joven hace muchos años que está recibiendo tratamiento farmacológico con antipsicóticos y con psicoterapia analítica.

Ellos cuentan que, desde hace algunos días, el joven está convencido de que tiene una serpiente dentro del vientre, por esto no come, se revuelca en el piso cada vez que siente algo dentro de la barriga, y se desmaya repetidamente a lo largo del día, como si hubiese sido mordido por la serpiente. Pide a sus padres que lo lleven al cirujano para que le abra el vientre y asesine a la culebra.

En este momento, después de haber hablado con los padres, hago entrar al joven y comienzo a hacerle preguntas; también en este caso evito absolutamente negar o contradecir la realidad que me es presentada por el joven, más bien lo invito a explicarme cómo hizo la serpiente para entrar en él, cómo la siente y qué ha intentado hacer hasta el momento para liberarse de ella.

Sintiéndose comprendido, el joven me describe todo detalladamente: refiere que la serpiente se introdujo en su cuerpo de noche, mientras dormía con la boca abierta.

Considerando esto le sugiero:

–Bien, ahora sabemos cómo hacerla salir.

Él me observa sorprendido, pero no tanto como los padres, que probablemente piensan que yo estoy tan loco como él. Yo continúo:

–Cuando hoy te vayas a la cama debes mantener la boca

abierta absolutamente toda la noche, ten cuidado para que no se te cierre ni siquiera un segundo, acuéstate boca abajo con el mentón apoyado y la cabeza derecha: en esta posición facilitarás la salida de la culebra. Que no se te olvide, debes permanecer inmóvil toda la noche y con la boca abierta, de otro modo ella tendrá miedo y no saldrá, y en consecuencia se esconderá aún más en tu barriga. Te lo ruego, debes mantenerte completamente relajado, porque si no ella pensará que es una trampa. Bien, llámame mañana temprano y hazme saber exactamente en qué momento ha salido.

Y así despedí a la familia entera, con los padres que me observaban de forma extraña, mientras que el joven, completamente sugestionado, salió con la expresión feliz de quien tiene finalmente la solución en sus manos.

A la mañana siguiente, recibí la llamada que me notificó que la serpiente había salido de su barriga, pero que él, desgraciadamente, no sabía exactamente en qué momento de la noche.

Cuando volví a ver al chico, algunos días después, me relató que había sido muy fatigoso quedarse toda la noche en esa posición con la boca abierta, pero que en un cierto punto había sentido su cuerpo libre de la serpiente.

En los últimos años he vuelto a ver algunas veces al joven, quien vive trabajando en la empresa de su familia. Ahora ha encontrado una compañera, tiene una vida serena, pero cada tanto entra en alguna crisis similar a la de la serpiente. Cada vez que le ocurre viene a mí, y yo como una especie de «chamán tecnológico», le prescribo un ritual de liberación basado siempre en la misma lógica de la patología, volcando, sin embargo, el sentido, con el propósito de poner la fuerza de la persistencia al servicio del cambio, conduciendo así la patología a su autodestrucción. La antigua sabiduría china definiría esto así: «Hacer subir al enemigo a la buhardilla y quitar la escalera».

Caso 3. *Delirio y contradelirio*

Fue enviado a nuestro centro una familia con un sujeto definido como «esquizofrénico». Éste, un joven de un poco más de veinte años, manifestaba un estado de «delirio hilarante» casi constante: hablaba de cosas sin sentido lógico y se reía solo.

La familia entró en mi consultorio, en el cual estábamos Gianfranco Cecchin[1] y yo. El joven dirigiéndose a mi colega dijo:

–Tú piensas que las centrales nucleares son 1.232, como los pelos de tu barba, pero te equivocas porque son 1.233. ¡Mira! Yo era un agente secreto de la KGB; huí de Rusia pasando a través de un túnel bajo el telón de acero... Después fui a trabajar para la CIA... y al final terminé en la Atlántida, pero me han echado de allí porque fumaba...

En este punto intervine, utilizando un «contradelirio»:

–Verdaderamente en la Atlántida eran muy severos... a mí me hicieron la misma cosa porque tenía mal aliento... ¡Sabes! Yo era un tiburón que vagaba cerca de las costas de Mozambique comiendo los cadáveres que tiraban los piratas de sus navíos... y éstos apestaban un poco...

---

1. Gianfranco Cecchin es uno de los fundadores de la terapia sistemático-familiar.

El supuesto «esquizofrénico» me miró con asombro y después preguntó a sus padres:

−¿Pero dónde me habéis traído? Yo necesito un doctor para hablar de mis problemas, y éste dice cosas raras, seguro que no puede comprender la rabia contra mi cuñado que me ha robado el puesto en la familia.

A estas alturas, considerando que el joven había puesto literalmente los pies en tierra, el colega prosiguió con la entrevista familiar. Ésta hizo emerger cómo la patología del joven estaba claramente conectada con el ingreso en aquella familia del marido de la hermana del paciente, una persona equilibrada y de cultura superior, quien se había convertido en el verdadero punto de referencia para aquella familia de origen humilde y además con un hijo psicológicamente inestable. Sin embargo, durante la sesión varias veces más el joven, cada vez que Gianfranco tocaba algún argumento candente, recaía en su delirio, y cada vez yo lo secundaba exagerando su propuesta extravagante con contrapropuestas aún más extravagantes, pero congruentes con la suya, con el efecto de reconducirlo a la realidad. «Apagar el fuego agregando más leña hasta hacerlo sofocar», era una de las 36 estratagemas de la antigua China.

Al final de la sesión, inventamos un ritual para que lo pusiera en práctica la familia durante la siguiente sesión: un rito de recoronación del joven príncipe, cuyo trono había sido usurpado por un caballero sin escrúpulos, que sería castigado y después perdonado por el magnánimo príncipe. Después de las debidas preparaciones con la familia el ritual fue realizado y el supuesto «esquizofrénico», o «uno que piensa que dos

La intervención clínica

más dos son cinco y está muy contento», se convirtió en un buen «neurótico», o «uno que piensa que dos más dos son cuatro pero está siempre preocupado».

También en este caso como en el precedente, fue necesario volver a ver varias veces en el transcurso de los años al joven y a su familia, pero nunca por una expresión patológica tan marcada como la primera vez.

Caso 4: El imán que succiona energía

Una colega me envía un paciente con quien no consigue avanzar en la terapia, debido, refiere ella, a la presencia de manifestaciones delirantes.

El paciente, un hombre que bordea los treinta años, declara que su problema consiste en una relación conflictiva con un compañero de trabajo que tiene el poder magnético de succionarle la energía vital; por lo cual él se siente vacío y destrozado.

Como es habitual, focalizándome en sus «soluciones intentadas», le pregunto cómo ha intentado, hasta el momento, impedir que esto ocurriera o cómo ha intentado combatir el problema. Él afirma que trata de mantenerse «duro» y que, a veces, agrede verbalmente a su colega; pero que éste se queda frío y termina finalmente saliéndose con la suya y «succionando su energía».

El lector comprenderá que probablemente el colega del sujeto, intimidado por el comportamiento del paciente, se queda callado e inmóvil para evitar posibles empeoramientos de la situación. Pero tal reacción significaba para nuestro sujeto la estrategia fría y decidida de su succionador de energía.

Como a menudo resulta útil hacer, después de haber escuchado la exposición de su problema y sus intentos para solucionarlo, le propongo una representación metafórica de la situación que me ha presentado:

–Entonces... si he entendido bien, es como si él tuviese un imán que atrae para sí tu energía... y cuando estáis cerca el uno del otro esto acontece inevitablemente...

Él replica rápidamente:

–Exactamente, doctor, él es el imán que me succiona...

Yo le digo:

–Bien. Pues si él es un imán ¿cómo se puede bloquear su capacidad de atracción?

–Necesitaríamos usar vidrio. ¡El imán no actúa sobre el vidrio! – exclama él.

–Sí, pero existe también otra sustancia que se opone al imán –respondo yo, y continúo:

–Creo que hemos encontrado la manera de vencer al imán. A partir de ahora hasta cuando te vuelva a ver la próxima semana, consigue una de esas bolsas grandes de celofán, que es un tipo especial de plástico, confecciónate un traje con ese material y póntelo todas las mañanas debajo de la ropa; de esta forma, impediremos que el imán atraiga tu energía y así podrás recuperar tus fuerzas...

El paciente me observa y se despide con una extraña sonrisa de satisfacción.

La siguiente semana me dice que se siente como un león porque el plan funcionó, su energía dejó de ser succionada; añade que sufrió bastante calor con el traje pero que lo importante era haber conseguido bloquear el imán.

La intervención clínica

Otro efecto, no menos importante que la «magia» de la estrategia sugestiva, fue que el paciente, en el momento en que sus percepciones cambiaron, refirió haber notado que la persona-imán también había cambiado, incluso le dio un poco de pena porque ahora le parecía un pobre hombre inofensivo por el cual ya no sentía ninguna rabia.

En este punto, utilizando una técnica de la cual hemos hablado anteriormente, se pidió al paciente que pensara en comportarse con su compañero «como si» éste fuera una persona frágil y tímida; y actuar cada día «como si» en verdad así fuera.

Mi colega, a quien se transfirió de vuelta el paciente para que continuara con su trabajo, refirió, después de algún tiempo, que su paciente no manifestó nunca más «ideas extrañas», y que, por el contrario, los dos compañeros de trabajo se convirtieron en amigos.

En este caso, primero se construyó una realidad inventada que se ajustaba a las representaciones patológicas del paciente, después ésta se utilizó para introducir un cambio que fue posible, precisamente, a partir de la realidad que sustituyó, durante la intervención terapéutica, a la realidad presentada anteriormente por el sujeto. En otros términos: una realidad inventada que produce efectos concretos.

El lector que tenga conocimiento de las últimas evoluciones de la lógica, encontrará todo esto congruente con los modelos de la lógica de la «creencia» y del «autoengaño»; por otra parte, como afirmaba George Lichtenberg, «todo lo que se cree, existe».

Miedo, pánico, fobias

Caso 1: La fobia a los espejos

Un joven estudiante universitario, casualmente de la Facultad de Psicología, es transferido a mí por la psicoterapeuta que lleva su caso desde hace muchos años. Ella me encomienda tratar de desbloquear una fobia del joven, tan extravagante como obstructora: el miedo de ser atraído por los espejos y de estrellarse violentamente contra éstos.

El joven, sobre la base de esta fijación fóbica, vivía asistido desde hacía mucho tiempo por personas que pudieran intervenir deteniéndolo cada vez que fuese atraído irresistiblemente por un espejo.

Había quitado todos los espejos de su casa, menos uno pequeño que tenía en el baño. En la noche, para evitar el temor de ir al baño, dormía con un pañal, en el que realizaba sus funciones fisiológicas.

El paciente, en suma, estaba completamente bloqueado por esta fobia y por las estrategias que ponía en práctica para protegerse de la misma.

Se presenta acompañado por uno de sus «asistentes-protectores» y me plantea el problema. Yo evito indagar sobre su pasado, sobre sus eventuales «traumas», sobre la estructura de su familia, etc., y en cambio le pido que me describa con detalle todo lo que él y las personas que lo rodean han intentado hacer hasta el momento para combatir este problema.

Él me describe, como ya se ha dicho antes, todas las estrategias que pone en práctica para proteger su nariz de la atrac-

La intervención clínica

ción de los espejos. En este punto lo miro y le digo que me parece muy extraño que no haya pensado en una solución más simple.

—Si tienes miedo de estrellar tu nariz contra los espejos, basta protegerla con aquellos objetos que se construyen para evitar los choques.

Él me mira asombrado y dice:

—¿Cuáles objetos?

Le respondo:

—¿Tienes presente los cascos de fútbol americano o los de motocross? No solo protegen la cabeza sino también la nariz. Podrías comprar un casco y llevarlo en la cabeza; todos los motociclistas tienen un casco, podrías fingir que tienes una moto cerca y así moverte libremente protegido por el casco. Pienso que ésta podría ser una estrategia mejor que las que has usado hasta ahora para protegerte de los espejos.

»Por lo tanto, te invito a que compres un casco en los próximos días; elige uno que te parezca bien resistente y adecuado, y veremos qué sucede; ¡creo que esto podría ayudarte!

El joven regresa después de una semana, con un casco rojo en la mano y relata que después de nuestro encuentro volvió a su casa e inmediatamente comenzó a llamar a las tiendas especializadas, primero buscando un casco de fútbol; después, al no conseguirlo, optó por un casco de motocross particularmente ligero, pero resistente. Con el frenesí de poner en práctica el experimento, salió de su casa, solo, condujo su auto, lo que no hacía hace años, se acercó a la tienda especializada, entró y compró el casco. Solamente cuando salió de la tienda se dio cuenta de que había hecho algo que nunca antes habría sido capaz de

53

hacer, sin haberse golpeado la nariz en ningún espejo, además refirió que se había encontrado con muchos durante el trayecto. En aquel momento salió con el casco en la mano y pensó: «Bien, si me da miedo me lo pongo, si no, lo llevo conmigo por seguridad». Con tales ideas en la cabeza, volvió a salir durante toda la semana, siempre con el casco en la mano, pero sin ponérselo nunca. Que yo sepa nunca se ha vuelto a poner el casco, pero gracias a esta nueva presencia eliminó en breve tiempo todas las otras «soluciones intentadas» (asistente-protector, pañal nocturno, aislamiento total).

Después de algunos meses, al darse cuenta de que gracias a esta nueva estrategia había superado completamente el miedo de ser atraído por los espejos, abandonó finalmente el casco.

«Surcar el mar sin que lo sepa el cielo», es decir, desviar la atención del intento de controlar el miedo por medio de la ejecución de una tarea distractora y prescrita sugestivamente. La persona, sin darse cuenta en ese momento, realiza algo hasta entonces inconcebible, pero, indefectiblemente, tal experiencia concreta lo conduce a tener, aunque solo sea por poco tiempo, una nueva percepción de la realidad que modifica la percepción anterior en la cual la realidad era vista como algo irresistiblemente aterrorizante. Esto conduce a la inevitable ruptura de la rigidez del sistema perceptivo-reactivo fóbico y abre la puerta a la construcción de nuevas formas alternativas de representación de la realidad, así como a nuevas modalidades comportamentales y cognitivas.

Permítame el lector proceder con otros ejemplos antes de explicar cómo, a la luz de una lógica terapéutica avanzada, intervenciones como la descrita anteriormente, se han convertido, mediante un trabajo de laboriosa y sistemática investigación empírico-experimental, en el aspecto fundamental de un modelo excepcionalmente eficaz de terapia breve, específico para las formas graves de miedo, pánico y fobia.

Caso 2: El miedo de salir sola

Éste es un ejemplo de una de las intervenciones terapéuticas probablemente más aplicadas desarrolladas en nuestro centro. Me refiero al tratamiento de los trastornos de agorafobia y ataques de pánico: aquellos tipos de fobia generalizada que hacen que una persona no sea capaz ni de estar sola ni de alejarse de un lugar seguro, a causa del terror de ser presa del pánico.

Una señora de 46 años, tenía tras de sí 27 años de psicoanálisis con tres analistas diferentes (los primeros dos ya habían fallecido), sin ningún mejoramiento de su patología. Desde hace años consumía también fármacos de los cuales había probado ya innumerables combinaciones. Su cuadro sintomático era el típico de un síndrome de agorafobia con ataques de pánico (DSM), manifestado a través de la completa incapacidad de alejarse sola incluso a pocos metros de su casa si no era en compañía de su esposo, quien era su verdadero protector. Sin embargo, incluso con la protección de su esposo, no era capaz de tener una vida social, ya que temía sufrir un ataque de pánico en cualquier situación en la cual se sintiera mínimamente constreñida o sin la inmediata posibilidad de fuga, como, por ejemplo, en una cena con amigos, una fiesta o simplemente una ida al cine.

Como el lector comprenderá, la pareja llevaba una vida sustentada en la protección del miedo y en evitar afrontar cualquier situación angustiosa.

La terapia se desarrolló siguiendo a la letra el protocolo del tratamiento para este tipo específico de trastorno fóbico paralizante (Nardone, 1993), y como sucede con frecuencia, a la tercera visita, fue ordenada, después de algunos ejercicios preparatorios, la siguiente prescripción, aparentemente absurda:

–Bien, ya que ha sido capaz de efectuar todo lo que le he pedido hasta el momento, ahora deberá hacer algo muy importante; vaya a la puerta y haga una pirueta, abra la puerta, salga y haga otra pirueta; después baje las escaleras, junto a la puerta principal haga una pirueta antes de salir y otra después de salir; gire a la izquierda y camine haciendo una pirueta cada 50 pasos, hasta que encuentre una frutería; entre al local haciendo una pirueta, luego compre la manzana más grande y más madura que encuentre. Después de esto regrese, con la manzana en la mano, haciendo siempre una pirueta cada 50 pasos y una antes y otra después de la puerta principal. Yo estaré aquí esperándola.

La señora me observó, como si estuviese hechizada, y después salió, mientras yo detenía a su marido, quien, al ver desde la sala de espera cómo su mujer salía precipitadamente hacia la calle, creyó que había enloquecido. Le tranquilicé asegurándole que seguía instrucciones mías. Se sorprendió aún más al verla regresar, después de unos 20 minutos, sonriente y divertida, con una gran manzana en la mano.

Habitualmente, en efecto, mediante esta orden sugestiva y aparentemente ilógica, se obtiene la manzana y, por lo tanto,

La intervención clínica

la primera «experiencia emocional correctiva» importante del paciente.

He asignado personalmente esta prescripción a más de 1.000 casos de pacientes, provenientes de distintos estratos sociales y culturales, que padecen este tipo de problema; y ninguno lo ha rehusado nunca. Muchos alumnos y colegas, de todo el mundo, se han quedado sorprendidos al ver también cómo sus pacientes se mostraban dispuestos a seguir tan extraña prescripción, y cómo esto conducía al desbloqueo de una patología tan rígida en su persistencia como es el síndrome de agorafobia con ataques de pánico.

El lector se preguntará cómo ocurre todo esto.

Mediante la manera en que se comunica la tarea, que debe ser la típica de una inducción hipnótica y por lo tanto requiere tal competencia del terapeuta, se construye una realidad sugestiva dentro de la cual parece que hacer piruetas es un mágico «ritual espanta miedos». En el interior de tal realidad terapéutica es posible efectivamente «surcar el mar sin que lo sepa el cielo» (otra de las 36 estratagemas de la antigua China).

La prescripción, puesta en práctica, coloca al paciente en la condición de ser distraído sugestivamente por tareas aparentemente absurdas, como hacer piruetas y comprar una manzana, cuyo cumplimiento comporta también la realización de éso que parecía imposible hasta entonces, por ser demasiado espantoso.

Una vez efectuada la tarea, la persona se da cuenta de que ha superado realmente el miedo. Entiende el truco, pero también se demuestra a sí misma, con una innegable acción concreta, que es capaz de superar realmente sus propias dificultades.

Obviamente la terapia no termina aquí, esto representa solo el primer desbloqueo sintomático importante.

Regresando al caso narrado, la señora, al volver a mi estudio después de su primera aventura solitaria por el mundo, tomó conciencia, con extremo estupor, no solo de haber hecho algo que ni siquiera habría imaginado hacer, sino de haberse liberado incluso de cualquier miedo; lo cual resultaba decididamente perturbador para ella.

En este punto, como es frecuente hacer siguiendo el protocolo del tratamiento, prescribí, a la paciente, ejecutar en su ciudad algo similar cada día hasta nuestra próxima cita:

–Bien, ya que ha sido tan valiente hasta el momento, prepárese muy cuidadosamente durante la próxima semana, todos los días a la misma hora, fijándose bien en su vestuario y su maquillaje, salga de su casa haciendo todas las piruetas al igual que lo ha hecho aquí, vaya al centro de la ciudad y todos los días compre un pequeño regalo para mí, ¡obviamente si considera que lo merezco!

La semana siguiente, la señora me contó que había salido cada día y colocó sobre mi escritorio todos los regalitos, además me dijo que después de algunos días desistió de hacer las piruetas, debido a que le parecía que ya no eran indispensables. Después de algunos meses me envió una postal desde Cerdeña, donde estuvo sola durante un fin de semana disfrutando del mar. En estos últimos diez años he recibido centenares de estas postales enviadas por mis pacientes ex fóbicos.

Caso 3: Sin ti me entra el pánico

La condición relacional ordinaria de quien sufre de miedo, pánico o fobias denota la imponente demanda de ayuda, bajo las formas de presencia, soporte reconfortante y abnegación afectiva que el sujeto fóbico reclama a las personas más cercanas a él. Esta dinámica interactiva representa un verdadero alimentador del temor y del sentimiento de inadaptación personal de quien sufre de miedo (Nardone-Watzlawick, 1990; Nardone, 1993); por otra parte se presenta como el modo más eficaz para reducir instantáneamente el pánico emergente. Considerando este doble efecto, del cual el segundo es el más evidente, esta condición relacional resulta decididamente resistente al cambio; por lo tanto, es necesario preparar una maniobra terapéutica bastante elaborada.

Al final de la primera consulta, con todos los pacientes que presentan un cuadro relacional como el descrito anteriormente, que son la mayor parte de los sujetos fóbicos, se procede a la siguiente reestructuración:

–... Bien, bien, quisiera pasar a una primera reflexión que le invito a hacer la próxima semana. Quisiera que usted pensara que cada vez que pide ayuda y la recibe, recibe al mismo tiempo dos mensajes; el primero, evidente, es «te quiero, te ayudo y te protejo»; el segundo, menos evidente, pero más sutil y más fuerte, es «te ayudo porque solo no puedes hacerlo, porque estás enfermo».

»Pero fíjese, no le estoy diciendo que se abstenga de pedir ayuda, porque ahora usted puede no hacerlo. Le estoy incitando solamente a pensar que cada vez que pide ayuda y la recibe, contribuye a que sus problemas persistan y se agraven. Sin embargo, recuerde, no se esfuerce en lograr que no pedir ayuda, ya que no está en condiciones de hacerlo. Piense solamente que cada vez que pide ayuda y la recibe contribuye a empeorar las cosas.

De esta forma, sin pedir al paciente ningún esfuerzo directo de cambio, se enfrenta al miedo contra el miedo, incluso un miedo más grande, el de un posterior agravamiento, contra uno más pequeño, la actual sintomatología; ya los latinos sabían que «Ubi maior minor cessat».[2]

En la gran mayoría de estos casos, que en mi casuística son más de 1.500, la persona interrumpe inmediatamente su repertorio comportamental sustentado en la demanda de ayuda. Lo que puede parecer sorprendente, para el lector, más no para el clínico experto, es que a continuación de este cambio se produce un neto decrecimiento de la sintomatología fóbica, y no raras veces se asiste a un completo desbloqueo de la patología. Todo esto por el hecho de que, al dejar de pedir ayuda y soporte, el sujeto debe afrontar él solo las situaciones que antes había resuelto bajo protección, descubriendo así que es capaz de dominarlas.

El proceder de tal mecanismo, de descubrimiento gradual de las capacidades propias, conduce a la persona a atreverse cada vez más hasta llegar, a veces, a la superación espontánea de todos los miedos precedentes.

En otros términos, mediante la maniobra descrita se produce la transformación de un «círculo vicioso», caracterizado

---

2. Traducción: «Si está el mayor, cesa el menor», una cosa más grande hace desaparecer la más pequeña.

La intervención clínica

por la búsqueda patógena de protección, en un «círculo virtuoso», caracterizado por la recuperación de los recursos personales y de la autonomía.

Caso 4: El incurable miedo de perder el control

El caso es el de una señora que llega después de haberse sometido a muchas terapias, entre ellas terapias farmacológicas y psicoanalíticas a largo término, para remediar su problema, definido por ella como una forma gravísima de ataques de hipocondría, pánico y agorafobia. Ella declara que hace más de diez años que no es capaz de alejarse sola de su casa sino únicamente distancias muy cortas, y que no se imaginaría nunca venir autónomamente desde su ciudad hasta Arezzo, ni en auto ni en tren; continuamente siente el terror de ser víctima de un grave ataque y de morir de un infarto, sufrir un ictus o enloquecer. La señora tiene además otra característica importante: como es doctora, ha leído y estudiado todos mis libros, por lo tanto se presenta inmediatamente con una actitud retadora, afirmando:

–¿Usted no creerá, de ningún modo, que me hará hacer las piruetas que les prescribe a sus pacientes? Yo no haré nunca esas piruetas, no iré nunca a comprar una manzana, como usted consigue que sus pacientes hagan según leí en un libro suyo. ¡Así que invéntese algo diferente para mí, porque no haré nunca esas cosas tan estúpidas!».

Yo la miro, y respondo:

–Pero, teniendo en cuenta que usted conoce tan bien los trucos, creo que funcionarán aún mejor.

Y ella dice:

61

–Claro que no, porque si conozco todos sus trucos, seré capaz de inmovilizarle; sabe, antes de usted muchos han intentado curarme.

Y así me propina una lista de nombres de todos los profesores y los eximios colegas que habían intentado curarla en vano. La mujer, como suelen hacer este tipo de pacientes, por fortuna no muy comunes, les criticaba en cualquier parte y con quien fuera, casi como si sintiese un perverso placer al haber vencido cada una de las batallas terapéuticas.

Consideradas estas características, comencé la terapia con algunas acciones preliminares para observar qué hacía la señora para oponerse a mis maniobras. Como es recomendable hacer en estos casos, cada vez que ella oponía una resistencia yo le prescribía la resistencia misma, por ejemplo:

–Necesito toda la resistencia que me pueda oponer, porque cuanto más me boicotee más me estimulará a ayudarla, cuanto más busque desacreditar mis ejercicios más sabré qué debo hacer para ayudarla. Así que, por favor, insista en ello».

Como el lector comprenderá, esta prescripción paradójica, o comunicación paradójica, desarrollada durante la consulta, coloca a la persona en un estado tal, que si continúa boicoteando cumple con lo que yo le pido y si se rebela y no boicotea más, cumple con la terapia; de cualquier forma el poder que tenía en sus manos pasa a las mías. Sin embargo, sin querer puntualizar demasiado en los límites de esta exposición cómo fueron las primeras sesiones con esta difícil paciente, decido inducirla, alrededor de la quinta sesión, a poner en práctica algunos ejercicios que deberían producir en ella, como en los casos anteriores, la primera «experiencia emocional correctiva», es decir

La intervención clínica

aquella experiencia concreta de cambio de su percepción de la realidad vista hasta entonces como ingobernable, debido al carácter aterrorizante que ella le imprimía. La señora me había hablado de sus virtudes y cualidades, entre las cuales destacaba el ser una persona amante de los buenos vinos, de los buenos licores, y el ser alguien que apreciaba cualquier forma de placer que, sin embargo, solo podía experimentar en determinadas situaciones, cuando estaba acompañada, ya que tenía terror de alejarse de casa o de estar sola en determinados lugares. Decido proponerle la siguiente prescripción, que como estructura es muy similar a la de los dos casos anteriores:

–Muy bien, sé que usted no es capaz de venir sola, desde su ciudad hasta aquí, aunque haya trenes muy cómodos; sé, sobre todo, que usted no es capaz de hacerlo sin los fármacos.

Le digo esto, teniendo en cuenta que la señora usaba fármacos desde hacía mucho tiempo, se autosuministraba las dosis, haciendo literalmente una gran mezcla entre distintos medicamentos e inhibiendo así probablemente la posible cualidad terapéutica de algunos de ellos. Sin embargo, le pido:

–Muy bien, sé que a usted no puedo hacerle una prescripción ordinaria, entonces haremos una prescripción exclusiva para usted. Quiero que para la próxima sesión, me llame por teléfono antes de salir de su casa.

Ella me mira y dice:

–¿Por qué debo llamarlo?

–Porque yo hallaré el modo para que usted venga sola.

–Pero no, no es posible, yo no vendré nunca sola, no haré nunca las cosas que usted les prescribe a sus otros pacientes.

–Muy bien, solo le pido que tome los horarios de los trenes, que calcule el tiempo que emplearía para llegar en taxi a la estación de su ciudad, y que me llame cuando esté preparada; si después se siente incapaz de hacerlo, dígale a su esposo que la acompañe, como siempre.»

La señora se va un poco perpleja, pero siempre con actitud de desafío.

La siguiente semana, me llama por teléfono un poco antes de salir de su casa para dirigirse a tomar el tren y venir a visitarme. En este punto, le pido a la señora que junte las manos entrecruzando los dedos, que apriete fuerte y que me diga cuál es el pulgar que va arriba.

Y ella me dice por teléfono:

—¿Qué me está pidiendo? ¿una estupidez? El derecho va arriba.

—Bien, ahora cámbielo, ponga el pulgar derecho abajo, el pulgar izquierdo arriba y apriete fuerte, fuerte hasta sentir dolor. ¿Siente dolor? Muy bien, apriete fuerte, aún más fuerte; bien, ahora separe las manos. Quiero que tome una de sus famosas botellas de grapa de las que me ha hablado, ésas que tienen el cuello largo, largo y estrecho, esté atenta, debe estar vacía, espero que tenga alguna, si no transvásela.

Ella responde:

—Ah, pero eso no es un problema, pero quiero entender cuál es la estupidez que quiere que haga.

—Muy bien, tome una de esas botellas vacías, tome un saco de frijoles, ¿tiene un saco de frijoles crudos en su casa?

—Ah, ¿quiere que no los tenga?

—Bien, entonces tome los frijoles, tome el saco y la botella con el cuello largo, métalos en una bolsa, después, ponga atención, ármese de todos los fármacos que ingiere usualmente.

La intervención clínica

—¿Pero qué es lo quiere que haga? –replica la señora.

—Tome todos los fármacos que usualmente está acostumbrada a tomar en casos de emergencia. Cuando haya preparado toda la bolsa, vuelva a llamarme.

La señora me llama después de cinco minutos; entonces le digo:

—Bien, ahora vístase cuidadosamente, tome la bolsa con la botella, los fármacos y los frijoles dentro, llame a un taxi, y después que haya llamado al taxi entrecruce los dedos, apriete fuerte, lo más fuerte que pueda, poniendo el pulgar derecho debajo hasta que le duela; después baje las escaleras, súbase al taxi, ¡esté atenta!, no descruce las manos hasta que el taxi haya llegado a la estación, ¡ponga atención!, debe sacar el dinero y comprar el tiquete sin desunir las manos. Cuando suba al tren, siéntese teniendo siempre las manos juntas y los pulgares uno sobre el otro, recuerde, el derecho debajo.

»En este momento podrá separar las manos y sacar la botella con el cuello estrecho y los frijoles, quiero que comience a meterlos dentro del cuello de la botella, lentamente; el cuello es estrecho, así que métalos uno por uno, hasta que logre llenar la botella; una vez llena la botella, vacíela y comience de nuevo, hasta que llegue a la estación. Apenas llegue a Arezzo, meta todo en la bolsa, entrecruce de nuevo los dedos, ponga, no se olvide, el pulgar derecho debajo del izquierdo, apriete fuerte y venga hasta mi consultorio, que como usted bien sabe está muy cerca de la estación.

La señora no replicó. Una hora después estaba enfrente de mi escritorio, con expresión de asombro y con las manos cruzadas. Me dice:

—¿Sabe que me he divertido verdaderamente metiendo los frijoles dentro de la botella? La gente me miraba. Un señor me preguntó: ¿pero qué está haciendo usted? Y yo le dije que estaba practicando un juego para pasar el tiempo, que después debía enseñárselo a los niños, le hice creer que yo era una maestra de escuela primaria. Me he divertido muchísimo mintiendo.

Entonces le pregunto:

—¿Pero cómo le fue con las manos cruzadas?

Y la señora me explica:

—Le debo decir que al comienzo me parecía muy estúpido; después me dije: «bueno, qué pierdo con probar». Comencé a probar y me di cuenta de que cuando tenía miedo y apretaba sentía que el miedo se reducía, me parecía que era capaz de controlarlo. Después, al llegar a Arezzo ya no lo necesitaba, las he cruzado solamente porque usted me lo pidió, porque para mí ya no era necesario.

En este punto pregunto a la señora:

—¿Cómo explica todo esto?

Ella me mira con una expresión entre alegre y molesta, como si hubiera perdido una partida:

—Usted me engañó. Fue capaz de inducirme a hacer algo muy similar a las piruetas de los otros pacientes. Sin embargo, debo agradecérselo, porque ésta es la primera vez que soy capaz de hacer algo de este género.

En el lapso de las semanas siguientes, la paciente continuó viniendo a mi consultorio, viajando siempre sola; es más, acordamos que debía hacer toda una serie de viajes; viajó por casi toda Italia. En un lapso muy breve de tiempo fue capaz de salir sola y también de quedarse sola en la casa. Este es un ejemplo óptimo para demostrar cómo, sobre la base de la misma estructura de la maniobra terapéutica de «surcar el mar sin que lo sepa el cielo», pueden ser aplicados creativamente muchos tipos de variantes. Este caso presentado es solo una de ellas. Lo importante es que los ejercicios terapéuticos concuerden, como he subrayado otras veces, con el lenguaje del paciente, con su lógica y su capacidad de percibir la realidad. Solamente si las maniobras terapéuticas se construyen adaptándose a todo esto, serán aceptadas por los pacientes y serán puestas en práctica por ellos, y, por consiguiente, existirá la posibilidad de producir la ruptura del círculo vicioso que fue creado a partir de las anteriores soluciones intentadas que mantienen el problema.

Obsesiones y compulsiones

Caso 1: La obsesión de perder el control de los esfínteres

Frecuentemente, sobre la base de una obsesión pueden desarrollarse reacciones de tipo fóbico muy similares a las del síndrome de ataques de pánico descritas en el parágrafo anterior, pero en este caso si no se descubre la raíz de la dinámica patógena de tipo obsesivo el cambio conseguido será exclusivamente superficial y se presentarán en breve tiempo algunas recaídas. En este sentido es importante que el médico sepa identificar cuándo las reacciones fóbicas están sustentadas en el miedo y cuándo en la obsesión, ya que el tipo de tratamiento deberá ser en ciertos aspectos similar y en otros completamente diferente (Nardone, 1993).

Exponer esta premisa era necesario antes de presentar el siguiente caso, excelente ejemplo de una obsesión que conduce a reacciones fóbicas.

Se presenta un señor de mediana edad, elegante y refinado, que al relatar el trastorno que lo ha traído desde una ciudad muy lejana hasta mí se expresa con un lenguaje extremadamente intelectual y prolijo, pero expone un problema verdaderamente tan grotesco en su naturaleza como trágico en sus efectos: el terror de hacer sus necesidades fisiológicas en público. En otros términos, sobre la base de progresivos problemas de colitis, el señor, que desarrollaba una profesión intelectual y artística de alto nivel, por lo cual debía mostrarse en público frecuentemente, había comenzado a imaginar la posibilidad de perder el control sobre su intestino recto, durante alguna de sus apariciones públicas, y por consiguiente perder el control de sus esfínteres.

Si bien nunca antes había tenido una experiencia concreta de este tipo, la duda que esto pudiera acontecer lo obligaba a tomar precauciones.

Se había dirigido a muchos gastroenterólogos, quienes exceptuando una posible intolerancia alimentaria, habían intentado tranquilizar al sujeto, pero como ocurre normalmente cuando se trata a una persona obsesiva, no se había contentado con ello y, por lo tanto, había continuado buscando otras posibles soluciones, madurando, a lo largo de esta búsqueda sin éxito, una verdadera sintomatología ansiosa elevada y un comportamiento fóbico.

La situación había presentado una *escalation* tal que en los últimos años este famoso personaje casi se había retirado en una especie de aislamiento defensivo, evitando cualquier situación pública en la cual se pudiese manifestar su problema. Todo esto, en vez de tranquilizarlo, lo había conducido a incrementar cada vez más su fijación fóbica, hasta el punto de inducirlo a tener siempre necesidad, cada vez que salía de su casa, de tener un baño cerca, para poder emplearlo en caso de emergencia. En la práctica, él tenía un mapa mental de todos los baños utilizables en caso de emergencia dentro de su limitado territorio, además comía solamente algunos alimentos que tenía la seguridad de poder tolerar.

En su desesperación, ya había recurrido a una terapia farmacológica intensiva que le había reducido un poco la sintomatología ansiosa, pero sin incidir sobre el trastorno de fondo. Se había dirigido también a toda una serie de psicoterapeutas que finalmente terminaba por abandonar, teniendo en cuenta los escasos resultados obtenidos.

Cuando llegó a mí, afirmó que había venido por sugerencia de una amiga cercana que conocía mi trabajo, pero que él era muy escéptico. Como es habitual en estos casos, acepté su desconfianza y reticencia, prescribiéndolas como elementos de ayuda a la terapia.

Después de la primera consulta caracterizada por ejercicios preliminares, las consultas posteriores se centraron en buscar la interrupción de las dos «soluciones intentadas» del paciente que mantenían el problema, es decir, su intención obsesiva de controlar el síntoma focalizándose siempre en escuchar su intestino y su resolución de evitar cualquier situación de riesgo, incluidos muchos alimentos y lugares en donde no hubiese un baño listo para el uso.

La técnica fundamental empleada en este caso fue la de la peor fantasía, que se aplica también en otros trastornos como el pánico, la depresión y los bloqueos de *performance*.

En la práctica, esta técnica se desarrolla mediante una serie de ejercicios sucesivos; el primero es el siguiente:

–Bien, supongo que usted tiene un reloj despertador en su casa, de aquéllos que tienen un timbre desagradable. Pues, todos los días a la misma hora, que ahora acordaremos entre los dos, deberá activar este despertador y programarlo para que suene media hora más tarde. En esta media hora, usted se encerrará en una estancia de su casa y, sentado en una butaca, se esforzará por sentirse mal, se concentrará en las peores fantasías relacionadas con su problema. Pensará en los peores miedos, hasta producirse voluntariamente una crisis de ansiedad y pánico, permaneciendo en este estado durante media hora. Apenas suene el despertador, usted detendrá el timbre e interrumpirá la tarea; despejando los pensamientos y las sensaciones que se ha provocado, irá a lavarse la cara y regresará a sus actividades habituales.

Al seguir tal prescripción, nuestro paciente refirió haber tenido una reacción para él imprevisible, que por el contrario es la más usual cuando se asigna este ejercicio. No logró estar mal, no consiguió ni siquiera provocarse una crisis de miedo o ansiedad. Aunque imaginaba las peores fantasías posibles le llegaban fantasías incluso positivas, y todas las veces se había relajado mucho, dos veces incluso se había dormido.

De la manera habitual, le dije que éste era el efecto deseado y que ahora que había tenido una experiencia tan explícita, podía comenzar a emplear esta técnica basada en la lógica de la paradoja, ejercitándose hasta aprender a cancelar el miedo, exasperándolo deliberadamente.

De este modo asigné la siguiente prescripción:

–De aquí a la próxima sesión, en vez de retirarse durante media hora para hacer nuestro ejercicio, usted lo realizará cinco veces por día durante cinco minutos cada vez, en donde esté, con quien esté, en los horarios que yo le daré: a las 9, a las 12, a las 15, a las 18 y a las 21 horas; usted mirará su reloj y durante cinco minutos, en el lugar donde se encuentre, tratará de esforzarse para que su trastorno se manifieste; recuerde, no se debe aislar, debe realizar la tarea en el marco de las actividades que esté desarrollando a esas horas.

El señor me miró asustado diciendo:

–¿Pero usted quiere que haga mis necesidades en público?

Y yo repliqué sonriendo:

–Podría también suceder, pero usted ha tenido la innegable demostración que cada vez que se provoca voluntariamente este trastorno, éste no llega. Entonces, siga mi prescripción; además, acordamos en la primera sesión que usted realizaría cualquier cosa que yo le pidiera.

En la siguiente consulta, el paciente regresó por primera vez con una expresión sonriente, debido a que en la semana anterior había estado definitivamente mejor. No sólo durante varios de los cinco minutos de ejercicio paradójico no se había sentido mal, sino que, al darse cuenta de que de esta manera su miedo decrecía, se había aventurado espontáneamente a alejarse de su casa, más allá de los usuales límites de los baños conocidos.

De aquí en adelante, la terapia prosiguió aumentando las exposiciones al riesgo del sujeto, incrementando su confianza en la técnica de cancelar el miedo provocándolo deliberadamente, hasta conducirlo a ponerla en práctica también cuando el temido trastorno surgía de repente.

Él refirió que a medida que avanzaba en su recuperación, semana tras semana, había experimentado situaciones consideradas hasta entonces como imposibles; efectivamente, cuando surgía espontáneamente el miedo o cualquier señal de su intestino, bastaba con provocar el miedo deliberadamente para que éste se desvaneciera, junto con las sensaciones somáticas.

En el lapso de diez sesiones nuestro intelectual recuperó completamente la autonomía y la capacidad de presentarse en cualquier aparición pública, sin tener más el terror de hacer sus necesidades en público, y además, recomenzó también por su propia cuenta a comer alimentos de presunta intolerancia para su intestino, descubrió que también podía tolerar y digerir alimentos grasos y pesados que pensaba que nunca podría volver a consumir.

Caso 2: Esterilizarlo todo para evitar contagios

Un joven empleado de banco, transferido a mí por su médico, por una forma manifiesta de obsesión compulsiva, relata que ha estado condicionado durante toda su vida por el terror de ser contagiado por el virus del sida y que, basándose en tal miedo irrefrenable que él mismo considera inmotivado teniendo en cuenta su estilo de vida, se obliga a evitar el contacto con todo aquello que le pueda parecer potencialmente contagioso.

Desafortunadamente, en el transcurso del tiempo, las cosas evitadas habían aumentado a tal punto que, por ejemplo, para dar la mano a las personas usaba guantes blancos con el fin de

La intervención clínica

evitar el contagio; hacía lo mismo para trabajar en los computadores que sus colegas utilizaban.

En su casa, todo estaba desinfectado, incluso su novia, que para visitarlo debía presentarse asépticamente después de haber recibido baños esterilizantes. Él, además, se lavaba repetidamente las manos y las partes más expuestas del cuerpo, no solo con jabón sino con alcohol u otros desinfectantes.

Este tipo de patología se sostiene, a nivel de estructura, fundamentalmente sobre los intentos por controlar una fijación fóbica mediante la ejecución de rituales de tipo defensivo o propiciatorio (los rituales pueden ser los más disparatados: baños descontaminantes, fórmulas mentales repetidas, comportamientos inusuales irrefrenables, etc.).

La técnica puesta en práctica específicamente para romper tal círculo vicioso patógeno es la siguiente prescripción (Nardone, 1993), presentada al joven empleado de banca durante la tercera sesión, después de los debidos ejercicios para adquirir la posibilidad de influenciar directamente sus acciones:

–A partir de hoy, hasta la próxima sesión, cada vez que usted haga un ritual, si lo hace una vez hágalo cinco veces, ni una vez más ni una vez menos; puede no hacerlo, pero si lo hace una vez hágalo cinco veces, ni una vez más ni una vez menos.

»Por lo tanto, si se lava las manos una vez, lo hará cinco veces; ni una vez más ni una vez menos. Puede no hacerlo, pero si lo hace una vez, lo hará cinco veces.

–Si desinfecta alguna cosa o alguna persona, hágalo cinco veces, ni una vez menos, ni una vez más. Puede no hacerlo, pero si lo hace una vez, hágalo cinco veces, ni una vez más, ni una vez menos, cinco veces».

El paciente me miró aterrorizado replicando:
—Eso es una tortura, pero si es necesario, lo haré.
Yo respondí:
—Disculpe, pero alguien como usted tan acostumbrado a hacer cosas extrañas, puede hacer también esto.

En la siguiente cita el joven, como la mayoría de estos pacientes, refirió que había seguido la tarea al pie de la letra los primeros días; después le había parecido tan fastidioso y estúpido que había interrumpido todo, hasta los rituales anteriores.

Como de costumbre, le pedí que me explicara bien lo que había acontecido, demostrando una aparente sorpresa ante sus palabras.

Él confirmó que después de algunos días dejó de sentir la necesidad de desinfectar o desinfectarse, al contrario esto le parecía ahora decididamente fastidioso. Afirmó además, de forma análoga a la mayoría de sus homólogos tratados por mí, que también el miedo a los contagios se redujo considerablemente, tanto que hizo cosas que antes nunca había hecho. Fue, en efecto, al restaurante con algunos colegas; fue también a la piscina con su novia, y añadió que allá una persona había perdido sangre de la nariz en los vestuarios, pero esto, extrañamente, no lo llenó de terror ante el contagio; al contrario, permaneció indiferente ante el suceso.

En este punto pregunto:
—¿Cómo se explica este cambio? ¿Cómo explica que cosas que antes lo aterrorizaban ahora lo dejen indiferente?.

Él responde, dando inconscientemente un ejemplo excelente del proceso de un cambio perceptivo-reactivo radical:
—Tal como veía las cosas al principio, me parecía lógico te-

La intervención clínica

ner miedo y protegerme con los baños y las demás cosas que hacía, tal como lo veo ahora me parece lógico no tener miedo y, por lo tanto, estúpido hacer ciertas cosas. No sé qué ha sucedido, pero ahora todo va bien. ¿Quizá usted podría explicarme qué es lo que me ha ocurrido?.

A nivel de estructura lógica, esta prescripción, aparentemente simple, permite, al igual que otros ejercicios descritos, «hacer subir al enemigo y quitar la escalera», con el propósito de que nos adueñemos del síntoma irrefrenablemente compulsivo convirtiéndolo en algo voluntario, y deshaciéndonos de esta forma de éste.

En otros términos, «si te lo permites, puedes renunciar a ello, si no te lo permites, será irrenunciable».

Esta prescripción, que es parte fundamental del protocolo para la terapia del síndrome obsesivo-compulsivo, aplicado con éxito en centenares de casos, está formulada y ordenada, como el lector atento habrá notado, a través de un lenguaje altamente sugestivo, como un comando post-hipnótico, en el cual primero se prescribe una «ordalía» y después se da el permiso de no realizarla...

Pero al dejar de realizar tal prescripción punitiva, el paciente también deja de poner en práctica los rituales anteriores, ya que ésta no es más que una exasperación paradójica y ritualizada de aquellas expresiones sintomáticas.

Caso 3: La repetición de fórmulas mentales

Otro excelente ejemplo de cómo se puede intervenir rápidamente y con éxito en patologías de tipo obsesivo-compulsivo, está representado en el caso de una joven víctima de una serie de pensamientos obsesivos ritualizantes. En la práctica, ella se sentía obligada a repetir mentalmente algunas fórmulas de palabras o números, varias veces al día antes y durante la ejecución de algunas acciones, ordinarias en su mayoría. Este síntoma la conducía a ralentizar cada actividad que realizaba y por lo tanto la torturaba enormemente; además, considerándose una persona decididamente razonable, no podía aceptar la idea de verse obligada a hacer cosas tan irracionales.

En estos casos, se utiliza una prescripción paradójica que ritualiza el ritual, como en el caso anterior pero de forma menos compleja desde el punto de vista lógico-formal; nos libramos del síntoma compulsivo transformándolo. Esto con frecuencia conduce a su autodestrucción.

Se le prescribió a la joven:

–De aquí a la próxima vez que nos veamos, cada vez que repita una de sus fórmulas, repítala al revés; todas las repeticiones que hace habitualmente dígalas al revés. Por ejemplo, si repite la palabra «hombre», ésta se convierte en «erbmoh», por lo tanto, usted dirá en su mente: «erbmoh, erbmoh, erbmoh...», todas la veces que sea necesario. Si la fórmula está compuesta de más palabras o números, el ejercicio será más difícil, de todas formas usted tiene una mente entrenada..., ¿no cree?.

En la siguiente sesión la paciente refirió que todo esto había sido muy difícil pero que había surgido realmente efecto, ya que después de algunos días los rituales se habían reducido y el día anterior había tenido solo dos episodios, que fueron inmediatamente inhibidos al ejecutar la tarea prescrita.

La joven fue invitada simplemente a aplicar lo que había aprehendido, o sea «asesinar al enemigo con su propio puñal».

Manías y paranoias

Caso 1: El psiquiatra dependiente de la madre

Un psiquiatra se dirigió a nuestro centro para ser admitido en nuestro *training* de formación para la Terapia Breve Estratégica. Durante el coloquio de admisión emergieron algunos marcados problemas personales, por los cuales él no fue admitido en la Escuela. Después de tal negativa, él se dirigió a mí para afrontar y resolver estas dificultades.

En la sede terapéutica, el psiquiatra presentó de modo claro y concreto el problema de fondo que lo llevaba a estar tan inestable psicológicamente. Él se consideraba víctima de una relación enfermiza con su madre, quien lo tiranizaba mediante un particular «chantaje sentimental».

Cada vez que ella dejaba de tener noticias de su hijo por más de varias horas, se embriagaba ceremoniosamente, argumentando que lo hacía para calmar su ansiedad y preocupación; si, al contrario, podía escuchar y ver a su hijo, su comportamiento permanecía equilibrado. Además, tal reacción patógena de la madre se manifestaba también cada vez que el psiquiatra declaraba que tenía una novia. De modo que, cuando él estaba con una amiga, su madre lo llamaba por teléfono llorando y presa de crisis depresivas que desembocaban en grandes dosis de bebidas con una alta graduación alcohólica. Él no se arriesgaba a desactivar su teléfono móvil, porque temía que tales reacciones tuviesen manifestaciones aún más virulentas; por lo tanto su madre podía localizarlo a cualquier hora del día y durante el desarrollo de cualquier actividad. La situación había llegado a niveles casi increíbles, considerando la edad bastante madura del sujeto y su profesión. Vivía aún con su madre y su padre, completamente doblegado ante su madre, y por miedo a las reacciones de ella nunca había pasado una noche fuera de casa, nunca había salido de vacaciones, nunca había llevado una mujer a la casa. Tenía una relación amorosa, pero la mantenía en secreto. Tal relato reveló cómo el psiquiatra estaba atrapado en la clásica relación «víctima-verdugo», en el interior de la cual lo que mantenía la situación era un vínculo afectivo basado en una complicidad regida por intentos disfuncionales para no empeorar las cosas. De esta manera, el paciente confirmaba a su madre la eficacia que tenían sus acciones de control sobre él, mediante el chantaje sentimental que ejercía por medio de sus crisis depresivas y alcohólicas. Por lo tanto, después de haber negociado las reglas terapéuticas que el psiquiatra interesado en aprender nuestro modelo terapéutico conocía bastante bien, le prescribí un ejercicio tendiente a volcar sobre sí mismo el mecanismo de comunicación patógena entre madre e hijo:

–De aquí a la próxima semana, todos los días deberás anticiparte a tu madre en las llamadas telefónicas, o sea, deberás ser tú quien la llame. Con exactitud, deberás llamarla diez veces al día, más o menos cada hora, y preguntarle:

–¿Estás bien mamá? Estaba muy preocupado por ti.

La intervención clínica

»Apenas recibas la respuesta despídete y haz lo mismo una hora más tarde». El psiquiatra, sorprendido y divertido con la idea, aceptó la invitación. La semana siguiente afirmó que al principio su madre lo había tranquilizado asegurándole que estaba bien, después gradualmente había comenzado a cansarse, hasta llegar a irritarse por las llamadas excesivamente frecuentes de su hijo. No obstante, durante esos días la madre no había manifestado crisis de ningún tipo, por el contrario no dejaba de decirle a su hijo que no se preocupara por ella y que más bien se ocupara más de sí mismo y de su profesión porque lo veía demasiado estresado. La terapia prosiguió con el juego, incrementando aún más las llamadas, realizando no diez al día sino quince, con la misma fórmula. El efecto fue que la madre comenzó a insistir en que el hijo se ocupara de su propia vida y dejara de preocuparse por ella, incluso que se tomase unas vacaciones para relajarse. Pero él recibió instrucciones de continuar con las llamadas, iniciando temprano por la mañana y continuando durante todo el día hasta bien avanzada la noche. Después de un mes de este tratamiento el paciente reveló que la madre no había bebido ni había tenido crisis depresivas, y que nunca había amenazado a su hijo. Al contrario, se había vuelto muy cariñosa y diligente con él, invitándolo repetidamente a que se cuidara, sugiriéndole incluso que quizá tenía necesidad de una relación amorosa para sentirse mejor y no preocuparse tanto por ella.

En este punto, fue programada la primera noche fuera de casa con ocasión de una convención. La madre no solamente no tuvo ninguna crisis, sino que manifestó abierta satisfacción por la valentía de su hijo al afrontar la primera noche lejos de casa.

Como el lector comprenderá, de aquí en adelante la terapia prosiguió con un incremento constante de las salidas de casa, propuestas directamente por la misma madre, y con una reducción gradual de las llamadas. La consagración terapéutica fue la declaración del hijo a la madre de su relación amorosa, presentada, sin embargo, como una conquista reciente. La madre manifestó gran satisfacción por ello, ya que, quizá, se consideraba artífice de tales progresos del hijo. Ella nunca supo que había sido curada indirectamente. Según la antigua estratagema china de «lanzar el ladrillo para obtener el jade» y no «lanzar el jade para obtener ladrillazos», como había hecho el psiquiatra anteriormente durante mucho tiempo.

Caso 2: Todos la toman conmigo

Un hombre, que es conducido a nuestro centro por su esposa, declara que en realidad él no tiene necesidad de recibir terapia porque son los otros quienes le provocan los problemas.

Siguiendo esta tónica, relata toda una serie de agravios recibidos constantemente, actitudes ofensivas que los otros tienen hacia él, miradas retadoras, etc.

En realidad, sufre de manías persecutorias y cree que todos están en contra de él o que de cualquier modo lo rechazan.

Después de haberle pedido que describiera detalladamente ejemplos de todo esto, le receté:

–Quisiera que usted, a partir de ahora hasta cuando lo vuelva a ver, todas las mañanas cuando se prepare para ir al traba-

La intervención clínica

jo, piense: «¿Cómo me comportaría hoy de forma distinta a como me comporto, haciendo "como si" estuviese convencido de *aparentar ser* un hombre simpático, estimado, deseable y deseado?» Entre las cosas que le vengan a la mente, escoja la más pequeña y póngala en práctica, cada día haga una cosa pequeña pero concreta «como si» se sintiese así. Es un experimento, pruébelo.

El señor refirió, la semana siguiente, que habían sucedido cosas muy extrañas durante esos días. Muchas de las personas que usualmente lo hacían sentirse burlado y rechazado habían cambiado de repente su actitud con respecto a él; ahora él tenía la impresión de que lo consideraban de manera distinta y no tenía ninguna explicación lógica de todo esto.

Ante lo cual, yo, paradójicamente, le dije que no se ilusionara ya que es raro que las personas cambien tan repentinamente sus actitudes y sus convicciones. Sin embargo, sugerí que continuara la tarea asignada incrementándola, es decir, poniendo en práctica cada día dos de las cosas que haría «como si» los otros lo consideraran una persona amable, estimada, simpática y deseable.

En la siguiente sesión, él declara que está confundido, porque parece de verdad que ahora todos se comportan de manera diferente con él, parece incluso que ahora lo consideran verdaderamente simpático y estimable, y según él no hay ninguna explicación razonable para ello.

Por el contrario, como el lector imaginará, tales acciones, pequeñas pero concretas «como si» la situación hubiese cambiado, invierten efectivamente la habitual interacción entre el sujeto y su realidad, de modo tal que en esos momentos, al comportarse él de forma distinta, estimula a los otros a que se comporten también de manera diferente con relación a él, conduciéndolo a experimentar el hecho de sentirse de verdad simpático y estimado.

Como bien saben, además de los conocedores de la lógica, los estudiosos de ciencias sociales, las profecías creídas se autodeterminan.

Seamos todavía más claros en la explicación de esta técnica terapéutica: imaginémonos que entramos en un local convencidos de ser antipáticos e indeseables; obviamente entraremos con una postura rígida y con la mirada recelosa y circunspecta.

Ensayemos cambiar la perspectiva: pongámonos en la posición de las personas que están en el local y que ven a un tipo con actitud defensiva entrar y mirar de manera desconfiada; ¿qué harán estas personas? Obviamente responderán con posturas rígidas y miradas defensivas.

El efecto final será que habremos obtenido la confirmación de nuestra suposición de ser antipáticos e indeseables, sin darnos cuenta de que todo esto ha sido una construcción nuestra de la realidad.

En la intervención sobre este tipo de problema, nos concentramos en introducir un pequeño cambio que produce una reacción en cadena de cambios, hasta conseguir la completa modificación de la situación. Si se logra, entonces, cambiar una vez al día, en medio de una situación aparentemente no importante, el comportamiento que conduce a la construcción disfuncional de la realidad, se provoca una experiencia emocional correctiva concreta que podrá incrementarse fácilmen-

La intervención clínica

te, aumentando las acciones y las actitudes «como si» del paciente, hasta llegar a construir una nueva realidad funcional que sustituirá a la anterior.

Todo esto, como demuestra rigurosamente la lógica moderna no ordinaria, sobreviene sobre la base de un autoengaño inducido, que invierte el sentido de la profecía creída (¡todos la toman conmigo!), provocando un completo vuelco de su efecto en la experiencia de la persona, experiencia ésta, que conducirá también gradualmente a la transformación de sus creencias y percepciones de la realidad.

Blaise Pascal, que ha sido uno de los personajes persuasivos más efectivos de la historia, aunque en nombre de Dios, prescribía a los cristianos que estaban en crisis con su fe: «Vayan a la iglesia, no importa si ahora no creen, compórtense «como si» creyeran: arrodíllense, recen, etc.; la fe no tardará en llegar».

Caso 3: Bloquear las respuestas para inhibir las preguntas

Se presenta, sumida en la desesperación más profunda, una persona que está atormentada por dudas continuas y banales pero irrefrenables, del tipo:
–¿He pensado esto del mejor modo? ¿He dicho bien esta cuestión? ¿He hecho de la mejor manera esta otra cuestión? ¿He colocado de la mejor manera estos objetos?

La lista de este tipo de dudas y preguntas, por lo regular, es inagotable. Obviamente, todo esto coloca a la persona en un conflicto continuo, ya que incluso los pensamientos y las acciones más banales desencadenan una serie de dudas e incertidumbres, a las cuales el paciente quisiera dar respuesta para tranquilizarse. Este sujeto refiere que desde hace un tiempo se siente bloqueado por tales «manías», a tal punto que no logra desarrollar ninguna actividad, ni profesional ni de esparcimiento, en cuanto vive atormentado por dudas que se desencadenan sin tregua en su mente.

En este tipo de patología psicológica, la «solución intentada» disfuncional de fondo se expresa en el hecho que la persona busca dar respuestas racionales y reconfortantes a dudas y preguntas irracionales, y cuanto más ilógica sea la duda más buscará dar una respuesta lógica, introduciéndose así cada vez más en complicados y dolorosos intentos por dar una respuesta racional a problemas irracionales.

Se presenta a este paciente, al igual que a todos los casos de este tipo, la siguiente fórmula, como técnica de reestructuración de las percepciones del sujeto:

–Sabe..., no existen respuestas inteligentes a preguntas estúpidas. Pero si estas preguntas le llegan, usted no puede evitarlas. Por el contrario, si busca evitarlas vendrán más, si intenta no pensar en ellas pensará más, porque ¡pensar en no pensar es ya pensar! ¡Debería conseguirse no pensar en pensar que debería no pensar para no pensar! No obstante, usted no puede bloquear las preguntas y las dudas, éstas vendrán a su mente inexorablemente. Sin embargo usted puede bloquear las respuestas, y si logra bloquear la respuesta inhibirá gradualmente la pregunta. Pero para bloquear la respuesta debe pensar que, cada vez que intenta responder una pregunta estúpida con una respuesta inteligente, convierte en inteligente la pregunta y reafirma su utilidad. De esta manera, alimenta la cadena de dudas. Por tanto, cada vez que dé una respuesta a

La intervención clínica

una duda abrirá la puerta a nuevas preguntas y estará nuevamente en medio del juego sin fin que usted ya conoce bien. Todo empeorará, no solo persistirá.

»De manera que cada vez que usted responde a una duda estúpida con una respuesta inteligente alimenta la cadena. Piense en ello, así logrará bloquear la respuesta.

En un lapso de algunas semanas, las «dudas paranoicas» fueron extinguidas y la persona tuvo la capacidad de retomar sus actividades cotidianas.

También en este caso debemos fijarnos en la estructura lingüística y comunicativa de la maniobra terapéutica, basada en una dinámica hiperlógica pero hipnóticamente confusa con redundantes articulaciones del hablante. De este modo se construye una «realidad» en el interior de la cual la fuerza del síntoma obsesivo es vehiculada en contra del propio trastorno, provocando una suerte de cortocircuito en la dinámica de la persistencia del problema. Siguiendo la antigua estrategia de «enturbiar el agua para conseguir que los peces salgan a la superficie».

Anorexia, bulimia, vómito

Caso 1: Hacer comer negando el alimento

Se presentan en nuestro centro los padres de una joven anoréxica, una de esas chicas que dejan de comer y enflaquecen tanto que a veces llegan al borde de la muerte. Declaran estar allí porque la hija no quiere venir a terapia. Todas las veces que han intentado llevarla a terapia, ella se ha rebelado brutalmente hasta el punto que muchas veces han explotado situaciones violentas en la familia. Sin embargo, ellos escucharon decir que en este centro era posible hacer terapias indirectas, es decir, guiar a los padres para que logren que su hija cambie; por eso estaban allí.

Como es habitual, en vez de preguntar la historia clínica de la paciente, les pregunté qué habían hecho hasta el momento para intentar resolver el problema de su hija; como de costumbre, me respondieron con toda una serie de relatos de intentos de terapias y consultas con varios psiquiatras y psicólogos, algunos de los cuales habían ido incluso a su casa para ver a su hija, quien había rechazado cualquier ayuda.

Yo pregunto, focalizando la atención sobre la familia, qué hacen los padres para tratar de desbloquear la situación de su hija. Me dicen que intentan insistir, tratan de hacer que coma, buscan por todos los medios que se siente a la mesa, que coma con ellos; a veces ella va, pero come poquísimas cosas, o hace de todo por demorarse, o bien hace de todo para no presentarse a comer.

Como sucede con frecuencia entre los padres de las jóvenes anoréxicas, la madre dice que intentó ponerle a escondidas un poco de azúcar en el té que toma su hija, que es lo único que la joven consume en abundancia, pero cuando la chica se dio cuenta se disgustó muchísimo, y desde entonces no confía más en su madre y no permite que le prepare nada.

La hija cocina sus alimentos sola, come solo verduras y frutas, alimentos que en los últimos tiempos ha comenzado también a limitar, de manera que en los últimos meses ha

La intervención clínica

adelgazado más de 15 kilos. En este momento está por debajo de los 40 kilos; los padres están francamente preocupados.

Por otro lado, también intentaron internarla en una clínica especializada, pero la hija hizo todo lo que habitualmente hacen estas chicas cuando son obligadas a alimentarse por la fuerza. Aceptó dura y silenciosamente el tratamiento pero apenas salió del hospital empeoró, exageró la dieta hasta perder más kilos de los que había recuperado en el tratamiento.

Los padres se encuentran desesperados y declaran que están dispuestos a hacer cualquier cosa; yo les advierto que en estos casos lo que pido con frecuencia resulta extremadamente fatigoso para los padres, extremadamente arduo; pero ellos manifiestan que están dispuestos a hacer cualquier cosa para ayudar a su hija.

En este punto, utilizando una forma de comunicación habitual cuando se trata de padres que como éstos siguen la lógica del sacrificio y la actitud de protección, que son la mayoría de los padres de jóvenes con anorexia u otros síntomas alimentarios graves, yo les digo:

–Bien, yo creo que han sido muy valientes al venir hasta aquí con el propósito de buscar ayuda para su hija, al perseverar para que coma alguna cosa, al buscar el modo de no llegar a situaciones aún más graves, pero creo que esto no resulta tan difícil para ustedes como lo que yo les pediré:

Yo les pediré sacrificios aún más grandes, sé que será muy arduo para ustedes poner en práctica mis indicaciones.

Los padres me miran esperando a saber qué prescripción, qué tarea dolorosa; yo les digo:

–De aquí hasta cuando vuelva a verlos dentro de dos semanas, deberán evitar hablar en absoluto del problema de su hija, deberán mantener lo que literalmente nosotros denominamos «conjura del silencio», es más, deberán tener miedo de hablar de ello, ya que cuanto más hablen más alimentarán el problema; entonces, así que estén atentos, conjura del silencio. Pero no solo eso, quiero que, desde hoy hasta la próxima sesión, piensen que cada vez que intentan que su hija coma por medio de cualquier estrategia en realidad es como si regaran la planta de su enfermedad; así que deberán tener miedo de pedirle que coma; al contrario deberán poner en práctica lo que nosotros llamamos una especie de boicot, debemos inducirla a una posición de frustración de su síntoma. Por lo tanto, no solo deberán evitar invitarla a comer sino directamente descalificar su problema. ¿Cómo? Dejando de ponerle un puesto en la mesa, si ella dice: «¿pero cómo, no han preparado un puesto para mí?», ustedes responderán: «pero si tú no comes». Eviten por completo invitarla a que se alimente en cualquier situación, y si de pronto ven que ella come algo, estén atentos, intervengan inmediatamente y recuérdenle que esto después la hará caer en la desesperación porque se arrepentirá de haber comido.

»Usted, la madre, diga a su hija, al menos una vez al día, que finalmente ha comprendido lo que hasta ahora no había entendido, es decir lo importante que es para ella no comer y que ahora ha comprendido que debe respetarla y colaborar, y que si usted la ve comer estará lista a intervenir para recordarle que después se pondrá mal por ello.

Los padres, como sucede con frecuencia, me contemplan con la mirada espantada y dicen:

La intervención clínica

–¿Pero debemos hacer esto? ¿Y si deja de comer aún más? ¿Y si al hacer esto no come nada?

Entonces yo los miro y replico:

–Si todo lo que han hecho hasta el momento hubiese funcionado no habrían llegado hasta aquí, les advertí que les pediría algunas cosas que les parecerían absolutamente difíciles de llevar a cabo; pero hagan este experimento, les pido dos semanas, solo dos semanas, en todo caso llámenme dentro de una semana, si es necesario podremos ajustar la estrategia.

Los padres se despiden bastante sorprendidos. La señora me llama por teléfono, después de una semana. Afirma que está pasando algo muy extraño; la hija no se sienta a comer con ellos, ha aceptado esta orden de no ir a la mesa mirándolos un poco mal, pero la madre se ha dado cuenta de que la hija se levanta por la noche a escondidas y va a comer.

En este punto digo a la señora:

–Bien, deben simplemente insistir con la estrategia que hemos acordado.

A la semana siguiente los padres me dicen:

–Sabe, la cosa comienza a funcionar. El otro día nuestra hija se acercó a la mesa y dijo: «¿puedo probar también yo lo que cocinaste, mamá?» Y desde entonces continuó sentándose a la mesa, no come mucho, pero ha comido algunas cosas que hasta ahora nunca comía, ha comido pasta, ha comido arroz, ha pedido por favor que no lo aliñara mucho, pero ha comido con nosotros, no ha vuelto a hacer ninguna de sus escenas. Además, preguntó si era posible venir a hablar con usted, porque se dio cuenta de que deseaba resolver el problema.

Y así comenzó la terapia con la hija, cuando en realidad lo que debía ocurrir ya había ocurrido, la hija ya había sido desbloqueada. En este caso, como en muchos otros casos de anorexia tratados indirectamente a través de las indicaciones que se dan a los padres, es muy frecuente que la hija llegue a la terapia cuando ya no es necesario llevar a cabo una terapia directa, por lo menos en cuanto al síntoma alimentario se refiere; obviamente es necesaria por todo lo que conduce a que este síntoma se produzca.

Se debe también subrayar que a veces la paciente no llega nunca a la terapia. En nuestra investigación sobre desórdenes alimentarios, desarrollada en nuestro centro a lo largo de los últimos cinco años, hemos comprobado que en más del 20% de los casos curados con protocolos específicos de tratamiento para tales trastornos las jóvenes no han llegado nunca a la terapia, en estos casos hemos curado al paciente interviniendo solamente sobre su familia, sin ver nunca directamente a la persona afectada; no obstante, el resultado ha sido positivo.

Caso 2: Te ayudamos a hacerlo mejor

También en este caso, como en el anterior, llega solamente la pareja de padres porque la hija se niega a venir afirmando que no tiene necesidad de un terapeuta. ¡Que vayan sus padres a la terapia, son ellos quienes la necesitan, no ella!

Los padres presentan el problema, desde mi punto de vista definido impropiamente como bulimia nerviosa, es decir, el comportamiento alimentario caracterizado por comer en exceso y luego vomitar. Declaro la definición de bulimia nervio-

La intervención clínica

sa impropia porque en nuestro trabajo de investigación, que recomendamos al lector interesado en profundizar en el tema, se ha demostrado que este tipo de trastorno no tiene nada que ver con la bulimia; sino que, en la mayoría de los casos, es típico de chicas con tendencia a la anorexia que encuentran en el vómito una buena solución para no bajar demasiado de peso y mucho menos engordar, o bien para continuar adelgazando pero sin dejar de comer. No obstante, después de ejercitar durante algún tiempo este tipo de compulsión, esta técnica se convierte en una compulsión verdaderamente incontrolable y entonces estas jóvenes, a veces también algunos hombres, actúan como si estuviesen poseídas por un demonio que las conduce a comer en exceso y luego vomitar.

Los padres describen el caso y cuentan que han intentado limitar los daños de diversas formas, ensayando poner bajo llave el alimento, restringiendo el dinero que le dan a la hija para que no pueda consumir las grandes cantidades de comida a las que está acostumbrada; pero todo ha sido inútil porque cuando esconden el alimento ella termina por encontrarlo de cualquier forma, y cuando no le dan dinero, va a robar al supermercado, así que finalmente han preferido darle dinero.

Finalmente, han llegado a una postura de completa resignación. Ella no quiere curarse, quiere continuar con su trastorno y desde hace un tiempo no hace más que comer y vomitar; no sale casi nunca, tenía un novio al que dejó y tiene un grupo de amigos que casi nunca frecuenta porque prefiere quedarse en casa comiendo y vomitando.

Además, ellos describen a su hija como una persona descuidada, que se lava poco, que ya no se peina. Está allí, solo comiendo y vomitando.

También en este caso, como en la anorexia o en la bulimia tradicional, han sido aplicadas en nuestro trabajo de investigación algunas técnicas específicas para desbloquear la situación. La técnica prescrita a los padres es un ejemplo de lo que se realiza cuando la hija no quiere venir a la terapia:

–Muy bien, creo que existe una manera de intervenir sobre su hija sin que ella venga, pero les costará un poco de sacrificio. Sin embargo, creo que estarán dispuestos a hacerlo, ya que veo que han hecho hasta lo imposible.

»Lo que les prescribiré no será tan arduo, más bien será un poco extravagante. Por favor, tomen en serio lo que les estoy pidiendo.

Los padres me miran y responden diciendo:

–Estamos dispuestos a hacer todo lo que nos pida, ya que nos han dicho que ha intervenido en muchos casos de este tipo, de modo que confiamos en usted.

La prescripción es la siguiente:

–De aquí a la próxima semana, yo quiero que usted, señora –dirigiéndome a la madre–, despierte a su hija todas las mañanas, no muy tarde pero tampoco muy temprano, antes de salir al trabajo y le pregunte: «¿Qué quieres hoy para comer y vomitar?»

La señora me mira y dice:

–¿Pero debo hacerle esa pregunta?

–Exacto, esa pregunta precisamente, querida señora, debe preguntarle a su hija: «¿Qué quieres hoy para comer y vomitar?» Después quiero que usted tome el menú, el que su hija le solicite y vaya a comprar todo lo que ella le indique.

La intervención clínica

»Si su hija rechaza darle un menú, creo que usted sabe bien lo que ella acostumbra a comer para después vomitar. Así que compre raciones muy abundantes de estos alimentos; después regrese a su casa y ponga todo sobre la mesa de la sala, no en la cocina, en la sala, a la vista de todos. Consiga, también, esas estampillas adhesivas *post-it* de color amarillo y escriba sobre una de ellas: «Víveres para comer y vomitar», con el nombre de su hija, ¡atención!, ninguno de ustedes deberá tocar estos alimentos, son solamente para su hija, solamente para el rito de su hija.

Los padres me observan, sonriendo asombrados, como si les hubiese propuesto algo aún más loco que el comportamiento de su hija. El padre me dice:

–Pero así ella estará feliz.

Yo lo miro y digo:

–Ya veremos.

Los padres regresan la semana siguiente y dicen que la hija se rebeló violentamente al ver los alimentos sobre la mesa, rechazó comerlos por completo e incluso los agarró y los escondió dentro del armario. Entonces la madre dice:

–Para continuar con la tarea que usted me asignó, todas las veces sacaba los alimentos del armario y agregaba algunos más; llegamos a tener una montaña de comida.

Yo la miro y sonriendo le replico:

–Sabe, la comida que sobre la enviaremos a los niños que mueren de hambre en el mundo, a Bosnia o quizá a otra parte.

Y ella me dice:

–Pero lo verdaderamente interesante es que su hábito de comer en exceso se ha reducido muchísimo, no ha desaparecido del todo, pero se ha reducido bastante.

Yo respondo a los padres:

—Bien, esto es lo que nos anima y debemos continuar así. Entonces, señora, esté atenta; ahora deberá hacer algo más; también usted, señor —dirigiéndome al padre—, tendrá que recordarle a su hija, varias veces al día, que puede ir a comer y vomitar, que la comida está allí.

—¿Cómo? —responden ellos—. ¿Debemos también invitarla a hacer eso, ahora precisamente que lo está haciendo menos? ¿Y si comienza nuevamente?

Yo los miro y digo de nuevo:

—Ya veremos. Les recuerdo: al menos cuatro o cinco veces al día deberán invitarla a comer y vomitar, teniendo en cuenta que han comprado todas esas cosas para complacerla.

Los padres se despiden, aún más asombrados que la vez anterior.

Una semana después regresan y me dicen que la sintomatología de la hija se ha reducido ulteriormente, es más, se enfada cuando ellos le piden que vaya a comer y vomitar, y pregunta: «¿Pero por qué me dicen eso?».

—¿Sabe qué me dijo también mi hija, doctor? —dice la madre—: Que arruiné todo, que ahora no es como antes, que si antes le gustaba eso ahora le dejó de gustar y no va a hacerlo más, además —como en el caso anterior de la joven anoréxica—, mi hija me preguntó si podía venir a verle, porque quiere resolver este problema del todo.

También en este caso, cuando llega la hija, la sintomatología no ha sido desbloqueada del todo, pero sí bastante reducida, y entonces resulta muy fácil proceder hasta llegar a la completa extinción del trastorno.

La intervención clínica

Caso 3: Comer y vomitar, ¡qué maravilla!

Se presenta una joven de casi 30 años, consagrada profesionalmente. Una mujer exitosa que declara tener el problema de comer y vomitar repetidamente cada día, tanto en las comidas principales como entre horas. Dice que no es capaz de impedir esto en absoluto y cree que ni siquiera yo la puedo ayudar, porque ya ha tenido experiencias terapéuticas y ninguno de los doctores anteriores logró desbloquearla, ni con terapias farmacológicas ni con psicoterapia, y por tanto duda que yo pueda hacer algo por ella. Otra paciente que desconfía del terapeuta. Como describí anteriormente, yo empleo su resistencia prescribiéndosela.

Le pregunto si está dispuesta a hacer cualquier cosa. Ella me respode:

–Sí, con tal de que no me pida precisamente dejar de comer y vomitar, porque no lo lograría; con tal de que no me pida hacer algo que tenga que ver directamente con esto, porque es algo –como frecuentemente dicen estos pacientes con muchos intentos de terapia a sus espaldas– que me gusta mucho y no puedo dejar de hacerlo en absoluto.

Frente a este caso, como en otros similares que presentan esta demanda paradójica del tipo «hágame cambiar, sin cambiarme», refuto a la paciente afirmando:

–Bien, el síntoma no puede ser tocado ya que es muy placentero; entonces, usted que es una experta, que lo vive tan bien, tiene razón, el placer, fundamentalmente, es lo mejor que podemos tener en la vida. De manera que yo creo firmemente que el placer debe ser cultivado, e incluso incrementado, así que descríbame cómo lo hace, ¿cómo hace para hacerlo tan bien?

Ella me describe de manera exhibicionista todas las asquerosidades que logra hacer con la comida. Evito al lector el resumen. Entonces digo:

–Bien, ¿pero no cree que podría especializarse en hacerlo aún mejor? Yo quisiera que, de aquí a la próxima consulta, lo haga, una vez al día, de la manera más placentera posible. Deberá lograr que sea algo maravilloso, así que escoja el lugar adecuado y la hora justa. Piense, por ejemplo, después de medianoche, cuando todos duermen, imagine, qué bello... O mejor, prepare todos los alimentos con los que le gusta divertirse y escoja el momento del día que le parezca más apropiado, seleccione el modo de comer y vomitar más placentero. En síntesis: ¡Escoja lo mejor y disfrútelo!

La joven afirma, bastante sorprendida:

–Usted es una persona extraña, quizás también come y vomita, de otra forma, ¿cómo hace para comprenderme tanto?

En la siguiente cita, ella me refiere que efectivamente seleccionó lo mejor, lo cual la condujo a atiborrarse y a vomitar una sola vez al día; en cambio antes hacía esto cinco o seis veces, pero no sintió ninguna falta de practicar tantas veces su hábito, ya que este singular rito resultó tan placentero que no tuvo necesidad de nada más.

En este punto, le sugiero que analice, después de tener estas experiencias, dos cosas: cómo emplear ahora todo el tiempo que antes dedicaba a comer y vomitar, y la posibilidad de hacer aún más placenteros estos momentos, retardándolos para aumentar su intensidad.

La intervención clínica

Ella dice que pensará en ello, pero que con respecto al uso del tiempo ganado lo empleará para dedicarse a su trabajo, como ya lo hizo en las semanas anteriores; comportamiento que le rebato, invitándola a pensar que muy probablemente hay otras cosas más placenteras para hacer en la vida.

Después de una semana, durante la consulta, afirma que es definitivamente mucho más placentero «retardar», citándome incluso a Freud quien hablaba del «diferir», es decir, retardar para aumentar el placer. De esta manera, se ha dado cuenta de que comiendo/vomitando una sola vez, después de algunos días de «diferir», incrementaba en grandes proporciones el placer del acto.

De este modo, después de dos semanas de practicar cinco o seis ritos al día, pasó a dos o tres ritos por semana, sin ningún sacrificio, sino más bien con un incremento del placer por parte de la paciente. En otros términos, «reducir aumentando».

La paciente, además, comenzó a notar mayores atenciones por parte de los demás hacia ella y, a su vez, a sentir el deseo constante de una mayor vida social. La terapia prosiguió siguiendo el mismo rumbo, con una reducción constante de la frecuencia del rito, concentrándolo y destilándolo en su perverso disfrute, mientras la vida social de la mujer se enriquecía de nuevas experiencias.

Después de casi tres meses, ella estableció una relación amorosa muy pasional, punto final de su patología, ya que comenzó a olvidarse de su «rito de placer». Descubrió, probablemente, un rito aún más placentero, el natural de una relación amorosa a la cual ahora tenía la capacidad y el valor de abandonarse.

Psicosoluciones

Caso 4: Si quieres atiborrarte, ¡hazlo bien!

Una joven, con un sobrepeso de casi 30 kilos, pide ayuda para poder frenar su compulsión de devorar comida durante todo el transcurso del día. Ella no devora comida solamente durante las comidas principales sino también entre éstas. Le pregunto qué ha intentado hacer para controlar esta compulsión irrefrenable. Ella dice que ha intentado de todo: ha tratado de mantenerse alejada de la comida, ha tratado de evitar el encuentro con los alimentos, ha dicho a sus padres que le escondan los víveres; todas las habituales soluciones intentadas que mantienen y empeoran este tipo de problemas.

En estos casos, después de algunas consultas preliminares, regularmente después de las dos primeras sesiones, se llega a dar una prescripción estandarizada que resulta ser verdaderamente eficaz. Prescripción que también fue dada a esta joven mujer:

—Escoja una de las miles de dietas que conoce, porque en este ámbito usted sabe más que yo, teniendo en cuenta todas las que ha probado, a menos que sea muy restrictiva. Además, cada vez que coma algún alimento que esté fuera de la dieta, deberá comer cinco raciones del mismo: si come un chocolatín, comerá cinco; si come un pedazo de torta, comerá cinco pedazos, y así sucesivamente. Cinco raciones o nada.

El resultado es, en general, que las personas relatan que no comieron del modo descrito, sino que evitaron cualquier alimento que estuviese fuera de la dieta, o bien, que lo hicieron algunas veces, pero que extrañamente no significaba lo mismo, así que lo dejaron. Asimismo, esta joven regresó diciendo

La intervención clínica

que había perdido dos kilos en una semana, ya que después de la primera vez que comió cinco pastelitos de chocolate no se sintió bien. Al contrario, fue capaz de seguir sin ningún sacrificio con la dieta que había escogido.

En este punto, frecuentemente, se mantiene la prescripción «punitiva» aumentando el «riesgo». En otros términos, se prescribe, en caso de transgresión, la orden de comer siete veces más, después sucesivamente diez veces más y así progresivamente.

Con frecuencia, las personas siguen adelgazando, hasta llegar a su peso normal, con la «espada de Dámocles», que si transgreden deben cruelmente dejarse caer sobre la cabeza.

Esta estrategia terapéutica resulta ser verdaderamente formidable en los casos de bulimia, ya que de esta manera se transforma el placer anterior en una tortura que se debe evitar.

Depresión

Caso 1: Ofrecer un púlpito al depresivo

Llega desde una ciudad del sur de Italia una familia, que más bien es un conjunto de familias conformado por tres hermanos con sus respectivas familias y los padres ancianos de éstos. Todos viven en la misma casa, cada uno en un piso diferente.

El problema que me presentan es el de uno de los hermanos, quien, según afirman ellos, cayó en depresión desde hace algún tiempo.

Como sucede con frecuencia en esta patología, los intentos para solucionarla son, generalmente, la tendencia del sujeto depresivo a lamentarse y a hacerse la víctima, contrarrestada con la actitud consoladora y proteccionista por parte de los familiares. Esta tipología comportamental, como el lector comprenderá, está aún más enfatizada, en este caso, por la particular cohesión de este grupo familiar tan numeroso.

Al final de una interminable consulta, durante la cual cada uno de los integrantes de las cuatro familias se prodigó en expresar su afecto por el paciente y la auténtica disponibilidad de hacer cualquier cosa para ayudarlo, les asigno la siguiente prescripción:

–Considerados todos sus amorosos cuidados y su disponibilidad, creo que todos estarán dispuestos a llevar a cabo una labor muy difícil pero definitivamente importante para él.

»De aquí a la próxima sesión, todas las noches, antes o después de la cena, deberán reunirse todos. Se encontrarán en alguno de los salones de su casa, preferiblemente en el de la mamá y el papá, y se ubicarán en asientos enfrente del paciente, quien estará de pie. Activarán un reloj despertador para que suene media hora más tarde. Deberán mantenerse en religioso silencio, escuchando. Usted –dirigiéndome al paciente– tendrá media hora para lamentarse todo lo que quiera y ellos estarán oyéndolo; usted podrá hacerles saber lo mal que se siente cuando se deprime, cuando todo parece oscuro, nada parece ir del modo indicado y nada logra darle alegría, etc. Ellos deberán escuchar en religioso silencio. Cuando suene el reloj, ¡STOP! Hasta la noche siguiente. Deberá evitar hablar del problema a lo largo del día, ya que tiene el espacio nocturno para ello.

La intervención clínica

Después de dos semanas, la extensa familia regresó relatando:
—Sí, las primeras noches se lamentó mucho, pero unos días después no encontró de qué más lamentarse. La otra noche nos contó algunos chistes y nos hizo reír mucho, como lo hacía siempre antes de la enfermedad.

Entonces, le pregunto al paciente cómo se sintió:
—Sabe, lo más extraño es que de repente, un día cualquiera, comencé a ver y a sentir todo como antes, y me pregunté cómo era posible haber estado tan mal. No me falta nada, tengo una familia bellísima, incluso usted lo puede ver, ¿verdad? Tengo una bella mujer que me ama, no tengo problemas económicos, puedo hacer lo que quiero. ¿Usted me puede explicar lo que me pasó? ¿Por qué dejé de valorar todo esto?

Esta es la antigua estratagema de «mover la yerba para que las serpientes escapen».

También en este caso, después de esta primera «experiencia emocional correctiva», se procede a una reestructuración gradual de las modalidades perceptivo-reactivas del sujeto, conduciéndolo, mediante otros ejercicios específicos, a la creación de un nuevo y funcional equilibrio personal.

Caso 2: Sí, vivimos en un valle de lágrimas

Llega una señora muy deprimida que me describe, como es usual en estos casos, una realidad de desesperación. Ella lo ve todo oscuro desde hace un tiempo, no hay nada que la divierta y se siente desmotivada hacia cualquier actividad.

Ella me dice que pasa la mayor parte de sus días en la cama, con la luz baja, ya que no le gusta hacer nada y se siente inútil para los demás y para el mundo.

Afirma que tiene un marido que no se preocupa por ella, que pasa su tiempo entre el bar y los amigos, manifestando una completa indiferencia hacia su malestar. Además, sus dos hijos se casaron y se alejaron de la casa. Desde hace un tiempo ella tiene poco contacto con ellos, ya que entraron a formar parte de la familia de sus cónyuges. Por esto, ella se siente un poco traicionada por sus hijos porque, al parecer, prefieren a sus suegros que a sus padres.

En suma, el conjunto se presenta como un clásico «cuadro» depresivo, en el interior del cual la persona se siente víctima de la realidad como si ella misma no fuese partícipe de ésta.

Con este tipo de personas, cualquier actitud consoladora, aunque a menudo es lo que ellos esperan, no produce ningún efecto; por el contrario, la mayoría de las veces, se da un posterior arraigo de la posición de «víctima».

Por lo tanto, es decididamente útil proceder como sigue:

–Usted tiene razón, en realidad la vida no es más que un valle de lágrimas. Venimos al mundo, en el fondo y finalmente, solamente para sufrir. Yo la comprendo bien porque también a menudo me pasa que lo veo todo oscuro y me parece que nada vale la pena.

»Sabe, somos todos como el personaje de un mito griego, Sísifo, quien por robarle a Zeus el fuego de la inteligencia y donarlo a los hombres, que después de todo no se lo merecían teniendo en cuenta el uso que hacen de éste, fue castigado y condenado a cargar eternamente una enorme roca y a subir

La intervención clínica

por una montaña, para después, una vez que llegara a la cima, verla rodar cuesta abajo y recomenzar de nuevo. Yo creo que nosotros estamos en la misma situación, cada tanto podemos tener alguna pequeña alegría, pero después lo pagamos aún más caro.

Mientras yo procedía con esta deprimente y paradójica definición de la situación existencial de cada uno de los seres humanos, la señora estaba ahí, mirándome con los ojos desorbitados, hasta que me interrumpió y me dijo, con una actitud extrañamente consoladora:

–Pero ¡ánimo doctor!, no sea tan trágico, en el fondo también hay cosas bellas en la vida, desafortunadamente pasan, pero pueden llegar otras, por eso precisamente usted se lamenta...

Yo insisto en mi actitud de «representar» el rol del depresivo y ella continua tratando de consolarme.

Toda la consulta procede en esa forma, con la paradójica situación de la paciente depresiva que intenta ayudar al doctor depresivo, pero mientras la paciente se esfuerza por levantar el ánimo del doctor, es como si saliera de su situación depresiva. De hecho, durante la sesión, la persona manifiesta sonrisas y reacciones decididamente activas, manifestaciones que no son precisamente las de un depresivo.

La semana siguiente, en la segunda consulta, la señora refiere que durante esa semana se sintió extrañamente tranquila, sintió ganas de hacer cosas y de hecho, a veces salió a hacer compras y fue a ver a sus hijos, quienes «por primera vez» estuvieron contentos de verla, según le pareció a ella.

Con respecto a ello, respondo:

–No se ilusione, querida señora. A veces, parece que las cosas van mejor pero después es aún peor. Mire, después de una ilusión, la desilusión es aún más fuerte. No espere nada bueno, probablemente le espera algo aún peor...»

Y continúo hablándole en este tono a la señora, quien me mira, con los ojos desorbitados, bastante sorprendida y comienza nuevamente a rebatir mi opinión: que corresponde a cada cuál animarse, que se debe reaccionar, que no se puede echar la culpa siempre a los otros.

Como el lector comprenderá, la situación se invierte completamente, la paciente dice lo que debería decir el doctor, y viceversa.

La semana siguiente, ella refiere que estuvo todavía mejor, que retomó actividades abandonadas durante años, que fue varias veces a ver a sus hijos con quienes la relación parecía realmente haber cambiado. Incluso el esposo manifestó un poco de atención hacia ella.

Yo comienzo de nuevo representando el papel del depresivo, pero esta vez ella me interrumpe diciendo:

–Sabe, ahora entendí todo lo que usted ha hecho, así que deje ya de simular que está deprimido.

De esta forma la terapia continuó solamente durante algunas sesiones más, durante las cuales la señora y yo nos confrontamos de manera dialógica sobre lo que era mejor hacer para ella.

Con los «denominados depresivos», el comportamiento terapéutico más funcional es el de estar más deprimidos que ellos, es como empujar aún más abajo a una persona que siente que se está ahogando: intentará regresar arriba por todos los medios.

La intervención clínica

Parejas en crisis

Caso 1: La pareja que no lograba dejar de pelear

Un día, en mi consultorio, mientras estoy despidiéndome de un paciente, escucho algunos gritos que vienen de la sala de espera, abro la puerta y veo una pareja peleándose.
Les digo en voz baja y hablando lentamente:
–Disculpen, ¿ustedes vienen a verme?.
Los dos interrumpen la discusión y excusándose entran en mi consultorio.
Como puede verse, estaba frente a una pareja decididamente conflictiva. Su problema, de hecho, era un enfrentamiento absolutamente incontrolable: eran capaces de pelear varias veces al día para luego hacer las paces después de cada pelea, prometerse tolerancia y después recaer en nuevas peleas.

A menudo, ya que los dos se amaban muchísimo, por la noche después de sus intimidades, considerando la dulzura de esa atmósfera, hablaban durante horas, explicándose serenamente los motivos de sus enfados, llegando incluso, la mayoría de las veces, a la recíproca comprensión.

Sin embargo, a la mañana siguiente, al mínimo desacuerdo peleaban de nuevo de manera furibunda.

Refieren, también, que fueron a terapias de parejas durante más de un año. Afirman que la doctora a quien se dirigieron era una persona verdaderamente muy capaz, con quien habían desentrañado todos sus problemas y sus respectivas causas; a pesar de ello, esto no condujo a ninguna reducción de sus peleas.

Así que, estábamos frente a dos personas que tenían un perfecto conocimiento de su problema y de sus causas, pero que aunque se esforzaran no lograban cambiar mínimamente la situación.

Después de escucharlos atentamente y de elogiar todos sus esfuerzos voluntarios para no ir cada vez más en *escalation*, les presenté la siguiente prescripción:

–Yo creo francamente que es muy improbable que ustedes puedan dejar de pelear. Por lo tanto, creo que será absolutamente inútil pedirles que se esfuercen por no hacerlo. Al contrario, les pediré que lo hagan todas las veces que quieran, pero siguiendo mis instrucciones. ¿Tienen en su casa una habitación que les guste menos que las otras?.

Rápidamente, cada uno propone una habitación diferente y comienzan a discutir sobre esto; en este punto los detengo y procedo:

–Bien, bien, veo que terminan peleando incluso por la elección de la que se convertirá en la habitación de las peleas; ¡es precisamente un buen inicio! Entonces creo que seré yo quien escoja la habitación entre las existentes en su casa.

Así, después de pedirles una descripción de su apartamento, escojo una de las habitaciones, que no es el dormitorio donde al parecer las cosas van muy bien, y procedo diciéndoles:

–Entonces, como hemos dicho, ésta será la habitación de las peleas; quiero que ambos se comprometan a llevar a cabo lo siguiente. De aquí a la próxima sesión, cada vez que se den cuenta de que van a comenzar a pelear, quiero que entren en la habitación de las peleas y que dejen de hacer todo lo que estaban haciendo hasta que hayan terminado. En este momento

La intervención clínica

podrán salir de la habitación de las peleas. Recuerden, cada vez que comiencen a pelear deben ir a la habitación y salir de ahí solamente cuando hayan terminado. De manera que si pelean muchas veces al día todas las veces tendrán que ir a la habitación. Si están afuera, regresen a la casa, exclusivamente para pelear ahí dentro.

Los dos, muy sorprendidos pero al mismo tiempo sonrientes, ya que les divertía mi prescripción, dejaron el consultorio bastante tranquilos.

En la sesión siguiente refirieron:

–Sucedió algo extraño, doctor: estas dos semanas peleamos muy poco. Es la primera vez, desde que estamos casados, que podemos pasar un período tan largo sin agredirnos. Lo más simpático fue que las veces que comenzamos a discutir, siguiendo sus indicaciones, fuimos a la habitación de las peleas; una vez allí nos miramos y nos sentimos como dos cretinos, y todas las veces terminamos riéndonos de aquello que en otras ocasiones nos había llevado a perder el control de nosotros mismos. Creemos que hemos entendido su truco, pero funciona realmente bien.

Seguí tratando a la pareja durante otras sesiones más, con el fin de controlar que el efecto no fuese solo pasajero; éste, en cambio, tuvo una evolución, cuya dirección fue desarrollar la capacidad, por parte de la pareja, de sustituir la agresión recíproca por la ironía y el humor recíprocos, de modo que lo que antes conducía a furibundas peleas se convirtió en motivo de simpático juego y bromas entre enamorados. Como en una clase de magia medieval «la tosca piedra fue transformada en oro».

Caso 2: El muro del silencio

Al contrario que la pareja descrita anteriormente, pueden presentarse situaciones en donde no haya *escalation* de peleas, sino una escasa comprensión recíproca.

Este es el caso de una pareja que llegó a mí con el problema de una completa indiferencia recíproca, caracterizada por el rechazo sexual, el diálogo insuficiente y la profunda rabia del uno hacia el otro. Considerando esta atmósfera «alegre», separé a los dos para hablar en privado con cada uno. Después de estos coloquios individuales se vio que ambos tenían acumulada, a lo largo de los años, una rabia tal hacia el otro, que por eso se castigaban con la indiferencia actual; sin embargo, cada uno declaraba que estaba muy unido al otro y que precisamente por eso no lograba perdonarle todo lo que en el pasado éste le había hecho.

Lo interesante, para un observador externo a estas situaciones de pareja, es que cada uno de los dos considera culpable al otro y está seguro de estar en lo correcto; esto conduce, obviamente, a una interacción similar a la que se podría tener entre dos espejos: cada uno refleja al otro, por lo tanto se hace necesaria una intervención que detenga esa posición rígida de aparente desapego por parte de cada uno de los dos.

Después de haber hablado en privado con cada uno, los cité a ambos y les prescribí la siguiente tarea, que debían desarrollar hasta el próximo encuentro:

–Dediquen a esto media hora, antes o después de comer: todas las noches vayan a su habitación, cojan un reloj despertador y actívenlo para que suene quince minutos después. Usted, señora, siéntese, usted quédese de pie, tendrá quince minutos para «desahogarse» y para culpar a su mujer por todo lo que siempre ha querido culparla; no se olvide, libérese de todos sus resentimientos. Cuando suene el despertador, usted se detendrá y cambiarán de papel; usted se sentará y usted, señora, se pondrá de pie. También usted tendrá sus quince minutos para decirle a su esposo todo lo más terrible que quisiera decirle. Cuando suene el timbre, STOP, pospongan todo para la noche siguiente.

»Al otro día se invertirá el orden de quién comienza primero, para que ninguno piense que tiene la última palabra.

La pareja regresó, la siguiente semana, refiriendo que en esa media hora se habían dicho cosas terribles que ninguno de los dos habría esperado del otro.

Cada uno de los dos dijo también que por primera vez se sintió libre al declarar toda la rabia acumulada durante tantos años y al culpar a su compañero.

Sin embargo, lo que extrañó a ambos fue que todo esto hizo que cambiaran las cosas entre los dos, es decir, que se sintieran más libres para expresar no solamente la rabia sino también el afecto. Después de muchos meses, en efecto, volvieron a tener relaciones sexuales y el domingo fueron juntos al monte como no hacían hace muchos años.

En este punto, fue suficiente sugerirles que mantuvieran cada día un espacio, quizá no tan formalizado como el de la tarea que les había asignado, para declararse recíprocamente todas las eventuales emociones negativas.

Les expliqué que la rabia y los sentimientos de culpa son como la crecida de un río, que cuanto más se busca frenar más aumentará, hasta que llega a romper los diques que intentan contenerla, trastornándolo todo; por lo tanto, en vez de colocar frenos a estos sentimientos, es necesario dejarlos fluir canalizándolos, si es posible, ya que como le ocurrió a la pareja, la fuerza de la rabia puede convertirse también en un recurso positivo para hacer que renazcan sentimientos y emociones afectivas.

Caso 3: Querido, ¡qué macho eres cuando me maltratas!

Una joven mujer, casada hace algunos años, relata que desde hace algún tiempo su marido se ha vuelto intratable, la agrede continuamente, incluso cuando ella no tiene ninguna culpa o responsabilidad, la descalifica y la maltrata incluso frente a extraños. Por lo demás, en su relación no falta nada, afirma ella, ¡pero él tiene este «mal carácter»!

Pregunto a la señora, como de costumbre, qué ha intentado hacer para calmar a su esposo. Ella responde que ha intentado explicarle sus razones, hacerle entender que se equivoca, pero cuando procede de esta forma él se enfurece aún más y le dice: «¿ves cómo no entiendes nada?».

También en esta situación, el comportamiento decididamente razonable de la señora no hace más que producir un incremento del comportamiento irracional del marido.

Por lo tanto, es necesario realizar una intervención que modifique su complicada «solución intentada».

–Muy bien, querida señora, creo que he entendido lo necesario de su problema para poder darle una indicación que podría detener su infeliz situación, pero le advierto: esta prescripción le parecerá un poco extraña, si no extravagante, pero deberá seguirla al pie de la letra. Cada vez que su esposo la agreda o la descalifique, usted deberá replicar así: «sabes, querido, me he dado cuenta últimamente de que cuando me tratas así me gustas aún más, me despiertas algo sensual, animalesco, me siento aún más atraída por ti; por favor, continúa haciéndolo.

La mujer me mira asombrada y dice:
—Pero esto no es verdad, ¡me da tanta rabia que lo asesinaría!

Yo replico:
—Esto lo sabemos, pero tengo curiosidad de ver la reacción de su esposo ante esta declaración suya.

Ella replica aún:
—Me dirá que me volví loca o imbécil, le dará aún más rabia.

Yo insisto diciéndole:
—Puede ser..., pero podría suceder también algo diferente..., ya que usted está acostumbrada a todo esto..., haga este experimento..., es solo por una semana..., cada vez que su marido la agreda o la trate mal, responda diciéndole que esto la excita, que la atrae tanto hacia él que le cuesta frenar este impulso sexual.

La señora se presentó sonriente a la siguiente cita, pero no fue sola; su esposo la acompañó. Relató que el marido se sorprendió por completo con su reacción y que detuvo inmediatamente la agresión hacia ella, y no solo eso, estaba ahí con ella porque se dio cuenta de que necesitaba ayuda para aprender a dominar ese nerviosismo incontenible.

De tal modo, la fase posterior de mi intervención estuvo dedicada a conducir al marido a que dominara sus propias reacciones.

Éste es un óptimo ejemplo de cómo, a veces, nada resulta más demoledor que una reacción aparentemente absurda y confusa. Otra vez se trata de la estratagema de «enturbiar el agua para que los peces salgan a la superficie».

Bloqueo de la *performance*

Caso 1: El bloqueo a hablar en público

Una empresaria de unos cuarenta años, bella y fascinante, profesionalmente muy preparada y exitosa, pide una cita con urgencia.

La recibo un día después de su llamada, como acostumbro a hacer en casos de emergencia; me presenta el problema que en ese momento está a punto de echar por la borda toda su vida profesional. Desde hace algunos meses ha madurado el terror a hablar en público, tanto que ha evitado hacerlo en las últimas semanas; ella, que hasta ahora había afrontado impávidamente convenciones con cientos de empresarios y que desde hace años se ocupa de la formación y supervisión de muchos altos dirigentes de su empresa.

Al describir su problema, expone su miedo a bloquearse durante alguna reunión con sus colegas, motivada por el hecho que desde hace un tiempo su ansiedad ha aumentando asombrosamente, produciéndole toda una serie de somatizaciones,

La intervención clínica

como taquicardia, respiración agitada, sudoración, etc., que le hacen temer lo peor.

Todo comenzó cuando ella, durante una de tantas convenciones empresariales a las cuales debía acudir, a menudo en calidad de oradora, asistió al episodio de un colega que se vio obligado a interrumpir su exposición a causa de una fuerte crisis de ansiedad. Desde entonces comenzó a tener el terror de que le sucediese a ella lo mismo. En consecuencia, incrementó progresivamente su tendencia a controlar sus propias reacciones, cayendo así en la trampa de la profecía que se autorrealiza. Cualquiera, en efecto, que se predisponga a querer controlar sus propias funciones fisiológicas, termina por alterarlas precisamente por el intento de controlarlas.

Por lo tanto, la joven empresaria se construyó literalmente la trampa en la que entró después y de la cual no sabía cómo salir. En estos casos se debe desviar la atención del sujeto durante su *performance*, es decir pasar de la fijación por controlarse a sí mismo a fijar la atención en cualquier otro fenómeno, un poco como en los casos de los pacientes fóbicos y obsesivos.

Se prescribió a la mujer la siguiente «sencilla» tarea:

–En sus próximas presentaciones en público, cuando usted tenga que realizar alguna exposición ante una convención de empresarios, haga lo que ahora le pido.

»Una hora antes de su presentación, intente traer a su mente las peores fantasías posibles, concentre toda su ansiedad durante esta hora, así después tendrá mucha menos. Después, en el momento de hablar, diga antes de comenzar: «queridos colegas, les pido que me excusen con anticipación si durante esta presentación me ruborizo, comienzo a sudar o pierdo el hilo del discurso, ya que últimamente no me siento muy bien», y luego empiece a hablar.

La empresaria reaccionó diciendo que le estaba pidiendo que hiciera una payasada, pero yo le respondí que, por el contrario, probablemente podría tener alguna sorpresa agradable que no le podía anticipar.

Volví a ver a la paciente después de dos semanas, pero ya había recibido una llamada telefónica de agradecimiento de ella algunos días después de nuestra consulta, en donde me refirió que las cosas iban muy bien.

Ella puso en práctica al pie de la letra todo lo que yo le pedí, lo cual la condujo a afrontar su prueba ejemplarmente y sin ninguna ansiedad. Lo que francamente la sorprendió fue que, después de su presentación, algunos prestigiosos colegas la felicitaron por la estratagema retórica que empleó para predisponer bien al auditorio con respecto a ella.

La fragilidad declarada se convierte en fortaleza.

Caso 2: Motivar, frustrándolo, al atleta bloqueado

Se dirige a mí un psicólogo del deporte que lleva el caso de un reconocido atleta y me expone la caída de rendimiento de su paciente en los últimos tiempos.

El atleta, en efecto, desde hace un tiempo no logra obtener resultados a su nivel. El psicólogo afirma que lo encuentra bloqueado e incapaz de desempeñarse mejor. Al preguntarle por las «soluciones intentadas» que habían puesto en práctica, me responde que habían aplicado todas las usuales técnicas de

La intervención clínica

relajamiento y de autocontrol, propias del *training* de adiestramiento virtual e hipnótico, pero nada de esto había producido ningún resultado. Además, el atleta se encontraba bajo fuerte presión a causa de la desilusión que su público manifestaba al no verlo a la altura de sus expectativas.

Finalmente, el psicólogo me dijo, como si fuese algo irrelevante, que todas las personas que rodeaban al atleta lo animaban benévolamente, afirmando que él continuaba siendo el mejor.

Desde mi punto de vista, parecía claro que ésta era la clásica situación del *performer* «desmotivado» por carencia de retos. O bien, un sujeto tan convencido por los otros de sus cualidades, que había perdido la motivación interior para demostrar sus capacidades.

La sugerencia dada al psicólogo deportivo fue que comenzara a frustrar al atleta, diciéndole que, probablemente, su mejor época había terminado; otros atletas, en mejor forma, estaban emergiendo y quizás todos esperaban de él algo que ya no podía ofrecer.

Al mismo tiempo, prescribí que se interrumpieran todos los elogios alentadores y las atenciones benévolas, por el contrario todo el *staff* debía manifestar una actitud casi depresiva, típica de quien ha perdido las ilusiones y está resignado ante una triste realidad.

El psicólogo, un poco incrédulo, pidió instrucciones aún más detalladas para llevar a cabo, al pie de la letra, esta intervención casi desesperada.

En las semanas siguientes, leí en los diarios deportivos que este atleta, como por arte de magia, había vuelto a ser el de hace un tiempo, presentando rendimientos que en algunas ocasiones superaban todas sus marcas anteriores.

Cuando volví a ver al colega, me dijo que sorprendentemente, después de algunos días de poner en práctica mis indicaciones, todo el *staff* y el equipo vieron a su mejor atleta desempeñarse con mucha vehemencia, como si les estuviese demostrando que se equivocaban, que él no estaba en el declive de su carrera.

De esta manera, recuperó energía y ganas de vencer, deteniendo así la situación de *performance desmotivada*.

Concluí mi supervisión, invitando al psicólogo deportivo a que continuara *frustrando* cada tanto al atleta.

Como el lector comprenderá, algunas veces el mejor modo para motivar a alguien es tratar de desmotivarlo.

Caso 3: La tesis sin fin

Un señor muy distinguido, de aproximadamente cuarenta años, se presenta con un problema un poco particular: desde hace muchos años no logra escribir su tesis de grado en filosofía.

Ha aprobado todos los exámenes con notas bastante altas, pero no es capaz de comenzar a escribir su tesis. Por otro lado, desarrolla un trabajo directivo que le obliga a escribir informes frecuentemente, pero él no manifiesta ningún problema con respecto a ello, incluso recibe a menudo elogios por su capacidad de focalizar y exponer claramente argumentos cruciales.

En cuanto a la tesis, en cambio, parece que su dificultad para escribir procede del hecho que él quisiera tener antes de comenzar un completo dominio del argumento. Desafortuna-

La intervención clínica

damente, el argumento escogido por él, el pensamiento del filósofo Wittgenstein, es un tema sobre el cual se escriben continuamente nuevos tratados. Desde hace muchos años, él acumula nuevos textos para leer y consultar con el fin de redactar su tesis.

Él llegó a la conclusión de que tenía un bloqueo psicológico que no le permitía afrontar el «rito de tránsito» del grado. Después de haber intentado, sin ningún efecto concreto de cambio, entender las causas de su problema con un psicoanalista durante un año aproximadamente, decidió dirigirse a mí para obtener una ayuda verdaderamente incisiva.

Después de escucharlo atentamente, le digo que yo también soy un gran admirador de Wittgenstein y comienzo a disertar sobre las posturas lógico-filosóficas de este autor. Esta conversación continúa placenteramente por un buen rato, hasta que yo digo:

–Bien, me doy cuenta con agrado de que tenemos un interés en común, pero me gustaría que usted, de aquí a la próxima semana, pensara cuál sería la mejor frase para concluir su tesis, o sea, el último párrafo de su disertación sobre Wittgenstein. Piénsela, escríbala y tráigamela; tengo mucha curiosidad al respecto.

El señor regresa la semana siguiente con la sentencia final de su tesis: «Las deudas se pagan siempre anticipadamente».

Yo me sorprendo, efectivamente, ante la espléndida cita presentada a modo de conclusión final.

–Verdaderamente bella. Ahora quisiera que usted pensara cuál sería la última página de su tesis antes de esta estupenda sentencia final.

Psicosoluciones

Él se presenta a la consulta siguiente con la última página. Yo la leo ante él y comento el texto pidiendo algunas dilucidaciones, a las cuales él responde diciendo que tales puntos se aclararán en las páginas anteriores.

–Muy bien –digo yo–. Siento una gran curiosidad por leer estas páginas anteriores donde encontraré las explicaciones a sus conclusiones presentes; tráigamelas la próxima semana.

Y así recibí el último capítulo completo de la tesis de grado, diez páginas aproximadamente, que igualmente leí ante él, comentándolas y pidiendo aclaraciones.

En el lapso de tres meses fue redactada la tesis entera, procediendo desde el final hasta el inicio y escribiendo por último la primera frase del manuscrito.

Esto podría usarse como ejemplo de la utilidad de hacer las cosas al revés. Pero en realidad, también ésta ha sido una estratagema para detener los mecanismos mentales de este sujeto que lo conducían al bloqueo real de su capacidad.

Al escribir sus argumentaciones, invirtiendo el sentido usual, operación nada simple de seguir, logró disolver su patógena «solución intentada» de realizar un trabajo perfectamente actualizado.

Un equilibrista no puede pensar mientras camina sobre la cuerda floja. Escribir al revés es una clase de equilibrismo de la escritura y de la argumentación que detiene las anteriores elucubraciones bloqueadoras, como recita el Tao: «la mente llena coincide con la mente vacía».

Después de esta reseña de casos ejemplares, el lector tendrá bien clara la diferencia entre un psicoterapeuta tradicional y aquél que ha sido descrito aquí.

La intervención clínica

Este último aparece como una clase de «chamán científico»; chamán en virtud de su capacidad de construir, durante la interacción con el paciente, realidades que tienen el poder «mágico» de conducirlo a cambiar sus anteriores disposiciones perceptivo-reactivas; científico porque muchas de las técnicas descritas han sido sistematizadas y sometidas a repetición y medición de su eficacia, eficiencia y alcance.

Sin embargo, no se tiene la presunción de haber presentado una exposición exhaustiva y definitiva de las posibilidades terapéuticas existentes en la interacción comunicativa entre dos o más personas. En analogía con el juego de ajedrez, se realizan una serie de estrategias para obtener el jaque mate en pocos movimientos según determinadas tipologías de partida, pero las posibles combinaciones y movimientos del juego son infinitos.

Además, consideramos indispensable aclarar, si no hubiese quedado suficientemente claro hasta aquí, que quien escribe y quien practica lo que ha sido descrito, no desea de ninguna manera ser considerado un «gurú», sino simplemente un técnico especializado en la solución de los problemas humanos, una especie de mecánico que desatasca mecanismos bloqueados.

Desde este punto de vista, debe estar también claro que la subdivisión de los parágrafos en áreas de patología psíquica y comportamental, estructurada en línea con la psicodiagnosis internacional, debe ser considerada solo como un artificio expositivo, tendiente a crear en la mente del lector nexos directos con realidades asociadas a ciertas definiciones ya de uso común. De hecho, todos los manuales psiquiátricos que tratan de definir las diferentes patologías podrían, desde mi punto de vista, sintetizarse en una simple definición: persona bloqueada y atrapada por sus propias construcciones de realidad.

En palabras de Goethe: «las cosas en realidad son mucho más simples de lo que se puede pensar, pero mucho más complejas de lo que se puede comprender».

3
EL «*SELF-HELP* ESTRATÉGICO»: EL AUTOENGAÑO TERAPÉUTICO

Todos nuestros rencores se crean porque, al reprimirnos, no hemos sido capaces de alcanzar nuestra meta. Esto no lo perdonaremos nunca a los otros.

E.M. CIORAN, *Silogismos de la amargura*

«Yo he hecho esto», dice mi memoria. «Yo no puedo haber hecho esto», dice mi orgullo, y se mantiene inamovible. Al final, la memoria se rinde.

FRIEDRICH NIETZSCHE, *Cómo se filosofa a martillazos*

Sobre la base de cuanto ha sido expuesto hasta aquí, puede verse claramente cómo cada uno de nosotros, de modo concreto, es capaz de construir y de mantener sus propios problemas, y cómo mediante la intervención de un experto, éstos pueden resolverse de forma efectiva, incluso en cortos períodos de tiempo.

Lo que considero importante analizar llegados a este punto es el hecho que si los seres humanos tienen una capacidad en un determinado sentido, también pueden tenerla en sentido opuesto. En otras palabras, «lo que puede generar bienestar puede, en determinadas circunstancias, crear también malestar»; pero también lo contrario: «lo que puede generar malestar puede, en determinadas circunstancias, generar bienestar».

Aclarado el hecho que los seres humanos somos los artífices de nuestra realidad, se deriva de ello que podemos, dentro de ciertos límites, orientarla también hacia direcciones funcionales y positivas.

El argumento de este capítulo es, precisamente, esta posibilidad de construir autónomamente realidades terapéuticas.

Atendiendo a esto, no podemos dejar de considerar como fundamentales las dinámicas del *autoengaño*. O sea, las formas mediante las cuales nosotros mismos construimos las trampas en las que, posteriormente, caemos y de las que después no sabemos salir solos.

Hasta aquí, nos hemos centrado, principalmente, en «cómo» ayudar a alguien a salir de su trampa mental; de aquí en adelante nos centraremos en «cómo» evitar construir tales trampas, o más bien, en «cómo» evitar caer en ellas una vez que no hayamos podido evitar construirlas. Y, finalmente, cómo salir solos de algunas de ellas, no muy profundas.

Esto es lo que nosotros definimos como *autoengaño terapéutico*, en otros términos, la habilidad de un sujeto para construir visiones de la realidad que lo conduzcan a cambiar sus disposiciones y reacciones disfuncionales.

Hay que aclarar desde el principio que aquello que será expuesto puede ser idóneo solamente cuando el problema construido no haya llegado a una complicación y rigidez de persistencia excesiva que requiera la ayuda de un experto, como ha sido descrito en las páginas precedentes.

Esto puede ser advertido con relativa facilidad por el mismo sujeto, quien si se da cuenta que después de cualquier intento de autoengaño terapéutico no se produce ninguna solución, y más bien la situación tiende a empeorar, comprenderá que necesita de la ayuda de un sujeto externo para que lo conduzca a un verdadero cambio.

Es más, podemos decir que esta vigilancia de la posible disfuncionalidad de nuestras soluciones intentadas representa el paso preliminar y el punto de partida ineludible, como veremos, para una posible utilización de la lógica del autoengaño personal como estrategia de *self-help*.

La literatura relacionada con la capacidad que tienen los seres humanos para autoengañarse, con el fin de vivir mejor, es decididamente abundante, pero ésta generalmente resalta la casi culpabilidad que hay en el fondo de quien se autoengaña, como si este proceso, inevitable para cada ser humano, fuese un pecado original del que debiéramos emanciparnos.

Obviamente, detrás de esa posición inquisidora con respecto al autoengaño, están los cimientos del pensamiento absolutista que proclama los beneficios derivados del conocimiento y la observancia de la «verdad».

Entonces, no debe sorprendernos tal ensañamiento filosófico con los procesos mentales que subvierten de raíz la posibilidad y, por tanto, el poder de la ortodoxia de la «verdad», a favor de aquello que es «útil» o funcional creer.

En la actualidad, después de todas las ya conocidas evoluciones de la ciencia desde lo «verdadero» a lo «probable» y el paso, en la lógica matemática, de lo «correcto» a lo «funcional», el sujeto no puede basarse más, en cuanto a la relación consigo mismo, en la búsqueda de la «verdad» de sí mismo, sino solamente en el intento de construirse los autoengaños para él más funcionales. De otra manera, se arriesga a caer en el error del que ya nos prevenía Friedrich Nietzsche:

«Nosotros no somos aquello que parecemos según los estados de ánimo, para los cuales solamente tenemos conciencia y palabras, y por consiguiente, elogio y reproche; nosotros nos *desconocemos*; sobre la base de estas toscas manifestaciones, las únicas que alcanzamos a conocer, extraemos la conclusión de un material en el cual las excepciones prevalecen sobre la regla, nos equivocamos al leer esta escritura aparentemente clarísima de nuestro yo.

»Pero la opinión que tenemos de nosotros mismos, que hemos hallado siguiendo estas vías erróneas el llamado "yo", de ahora en adelante trabaja también sobre nuestro carácter y nuestro destino» (Nietzsche, *Aurora*, 1981, pág. 115).

Por lo tanto, se debe evitar tomar por verdaderas y definitivas las conjeturas relacionadas con nuestras características; de lo contrario, éstas nos conducirán a construir creencias que influenciarán efectivamente nuestro ser. Profecías consideradas verdaderas que se autorrealizan.

Más cercanas a nuestro tiempo están las disertaciones de Jon Elster sobre la relación entre creencias autoengañosas y creencias relacionadas con la autorrealización de la persona (1979, 1985). Este autor, partiendo de un atento examen de la literatura filosófica y psicológica sobre el autoengaño, toma distancia de esta posición histórica tradicional que quisiera

El «self-help estratégico»: el autoengaño terapéutico

ver el autoengaño como un efecto de la debilidad de la voluntad o del escaso control de los impulsos. Remontándose a los estudios de Davidson (1980) y a los de Ainslie (1981), Elster define el autoengaño como la tendencia a identificar la realidad con los propios deseos en el proceso de formación de las creencias.

Por ejemplo, si me gusta pensar que un evento es real, puedo repetirlo en mi mente, escribirlo y citarlo varias veces con distintas formulaciones, hasta persuadir a los otros de lo que yo quiero convencerme. Si logro cumplir este objetivo, persuadir a los otros, habré construido una creencia estable en mi mente. Todo esto puede suceder, obviamente, ya sea en creencias positivas, ya sea en creencias negativas. De paso, el pesimista radical intentará siempre convencer a los otros de que las cosas son diferentes de como deberían ser; si logra persuadir a otras personas de su visión, esto le confirmará aún más la veracidad de la misma.

Muy frecuentemente, por citar otro caso de autoengaño, se observan grupos de personas que, unidos por un estatus similar, se confirman el uno al otro: personas solteras que celebran entre ellos las ventajas de estar solos; creyentes de una secta que alaban unos a otros la virtud de su fe. Todo esto se puede observar continuamente en las interacciones comunicativas humanas, en las cuales la mayoría de las personas tiende a querer convencer a los otros de la veracidad de sus propios autoengaños.

En otros términos, Elster define el autoengaño como una especie de *irracionalidad motivada*, cuya base es la inclinación a modificar la realidad para ajustarla a las propias visio-

125

nes. Esta perspectiva abre la puerta a un universo enorme de posibilidades de utilización de los mecanismos del autoengaño con el fin de producir cambios estratégicos.

Desde este punto de vista, existe un precedente histórico significativo: Blaise Pascal y su obra, *Pensées*. Este autor, con el fin de reconducir a la fe cristiana a los seres humanos que han sido corrompidos por las pasiones y los placeres del mundo, en vez de utilizar demostraciones físicas o metafísicas, como intentaron hacer filósofos anteriores a él, emplea argumentos psicológicos.

El ejemplo más formidable de esto es la *apuesta* que les propone a los seres humanos.

Nadie, sostiene el autor, se abstiene de aceptar una apuesta cuando sabe que lo que puede perder es infinitamente menor a lo que puede ganar. Si uno cree, y Dios no existe, no pierde nada; mientras que si uno tiene fe, y Dios existe, obtiene el infinito.

¿A quién no le conviene tratar de creer en vista de la enorme ventaja que se derivaría de la victoria?

Con tal propuesta de apuesta, Pascal induce a cada individuo que se encontrara en la duda entre creer y no creer en Dios, a que llegue, por medio de un aparente cálculo lógico de probabilidades realizado por él mismo, a la elección de la opción más ventajosa.

El resultado de todo esto es que la elección inducida mediante una refinada estrategia retórica conduce a la persona a creer que ha llegado a decidir qué debe hacer, sin ninguna forma de manipulación externa. En efecto, la propuesta de Pascal no es una indicación directa sino una *reestructuración*, comparable al lanzamiento de una bola de nieve que al comenzar a rodar se hace cada vez más grande hasta convertirse en un alud imparable.

Por otra parte, el mismo Pascal, en su pensamiento nº 10 afirma que: «nos convencemos mejor, frecuentemente, con las razones que hemos encontrado nosotros mismos que con aquéllas presentadas por el intelecto de otros».

Aún más afín a lo que hemos tratado en este libro es, precisamente, lo que Pascal sugiere a los que «eligen» creer pero que encuentran dificultad en hacerlo.

Él propone que se comporten «como si» ya creyeran, ofreciéndoles el siguiente autoengaño manipulatorio: «vayan a la iglesia, arrodíllense, recen, honren los sacramentos, compórtense como si creyeran. La fe no tardará en llegar».

El lector reconocerá en esta maniobra persuasiva una de las técnicas terapéuticas expuestas en el capítulo anterior, derivada precisamente de la lección de Pascal.

En efecto, es introduciendo en nuestro comportamiento el autoengaño de comportarnos «como si» la realidad fuese la deseada, aunque nuestras apreciaciones nos la hagan creer diferente, como se pone en movimiento un proceso a través del cual «llegaremos» a ver literalmente las cosas como hemos elegido verlas, basándonos en nuestros deseos, mediante la repetición de las acciones derivadas del «como si» escogido.

De esta manera, la influencia de lo que quisiéramos sobre lo que es parece crucial. De esto se deduce que tales procesos de autoengaño pueden ser empleados con éxito con el fin de construir percepciones y reacciones lo más funcionales posibles para nosotros.

Un excelente ejemplo de esto proviene de los estudios relativos al fenómeno de las *profecías que se autodeterminan*. En psicología social hay muchas investigaciones y experimentos que demuestran cómo la expectativa de que algo suceda puede inducir, al sujeto que cree en esto, a reaccionar de manera tal que produzca, efectivamente, lo que estaba esperando o lo que quería evitar. Una brillante ejemplificación literaria de ello procede de la relectura realizada por Popper (1972) de la tragedia de Edipo, a partir de la cual Freud, olvidándose u omitiendo un trozo del relato, extrajo la construcción del complejo de Edipo (a mi parecer, también este ejemplo de Freud representa un espléndido autoengaño, en cuanto él quiso ver en la tragedia de Sófocles lo que deseaba encontrar, para confirmar algunas de sus hipótesis/creencias apriorísticas).

Este filósofo de la ciencia, en efecto, analizando el relato completo, resalta cómo la trágica historia parte de la profecía que Layo, padre de Edipo, recibió del oráculo de Delfos: «tu hijo te matará y poseerá a tu mujer». Layo, para evitar el advenimiento de esa profecía, en la cual cree, abandona a su hijo en la selva y amarra sus genitales a sus pies para que no pueda correr sin provocarse graves heridas. El pequeño Edipo es recogido y criado por una reina, con quien se casa cuando se vuelve adulto. La reina y Edipo entran en guerra contra Layo, de quien Edipo no sabe que es hijo. En una batalla Edipo mata a Layo y, según la costumbre, se convierte en rey del reino conquistado y, por lo tanto, posee a la madre. Ésta, después de un tiempo, revela a Edipo toda la verdad, y él, al conocer su trágica historia, se enceguece para no ver todo lo que ha hecho.

El «self-help estratégico»: el autoengaño terapéutico

La profecía creída se cumple, en este caso, por medio de aquello que fue hecho para que no se realizara. Paul Watzlawick (1981), en un brillante ensayo sobre este argumento, ofrece, en cambio, algunas posibilidades relacionadas con la forma en que las profecías positivas pueden ser autorrealizadas mediante un procedimiento de benéfico autoengaño.

El matemático Newton Da Costa (1989a, 1989b), el autor que más que cualquier otro se ocupó del estudio de las lógicas no ordinarias, o bien, de las lógicas que empujan la racionalidad más allá de lo racional, formuló algunos modelos matemáticos rigurosos relativos a la construcción de las creencias mediante procedimientos de autoengaño. Éste es el ejemplo, desde mi punto de vista, más extraordinario sobre la forma en que se pueden utilizar fenómenos aparentemente irracionales, como las paradojas, las contradicciones y los autoengaños, como instrumentos rigurosos para la construcción de modelos lógicos basados en una racionalidad moderna que supera los límites del rígido racionalismo aristotélico y cartesiano.

Este último, en efecto, impondría la regla del «verdadero o falso, tercero excluido». En otros términos, según la lógica aristotélica, puede existir lo que es verdadero y lo que es falso; otras posibilidades se excluyen. De esto deriva el bien conocido «principio de no contradicción», el cual impone que los fenómenos, para ser verdaderos, no pueden ser ni contradictorios, ni paradójicos, ni autoilusorios.

Siguiendo este rumbo, la filosofía y la psiquiatría tradicional han deducido, realizando una transposición decididamente arbitraria, el concepto que el estado de salud mental de una persona equivale a la superación de sus contradicciones internas, «como si» alcanzar un estado de congruencia y coherencia interna se correspondiese con el bienestar de un individuo. Me pregunto si también esto no es más que un espléndido autoengaño.

Desde la antigüedad, esta visión rígidamente racionalista ha sido criticada e invalidada; basta pensar en la *paradoja del mentiroso*, que declara: «yo miento». ¿Él miente o dice la verdad?

Éste, y muchísimos otros dilemas lógicos, han conducido a la filosofía y a la lógica contemporánea a superar el racionalismo tradicional y a orientarse hacia perspectivas alternativas.

La cibernética, en sus evoluciones recientes (Von Foerster, 1987), demuestra claramente cómo no existe observación sin un observador y cómo el observador está influenciado en sus observaciones por sus creencias.

También la psicología experimental pone en guardia al investigador sobre el denominado *efecto halo*, y sobre el efecto de las expectativas del investigador en los resultados del experimento.

Rosenthal, en sus famosos experimentos (Rosenthal, Jacobson, 1968), muestra cómo, dando a un investigador los ratones de laboratorio seleccionados casualmente e informándole de que están dotados de escasa capacidad, éstos obtienen resultados mediocres en las pruebas experimentales. Los mismos ratones, presentados posteriormente al investigador como muy inteligentes, producen resultados excelentes. La prueba de esto es que los ratones que anteriormente obtuvieron puntuaciones altas en las pruebas, cuando se presentan nuevamente al experimentador como escasamente capaces, producen resultados de escaso nivel.

El «self-help estratégico»: el autoengaño terapéutico

Aún más sorprendentes son los resultados de estos experimentos en la relación profesor-alumno; también en este caso, las expectativas del maestro respecto a las capacidades de los sujetos afectan marcadamente a sus resultados efectivos. Un mecanismo de autoengaño, con resultados positivos, que funciona más o menos del mismo modo, es el del bien conocido efecto *placebo*, o bien, el hecho que si se suministra un fármaco *placebo*, o sea una pastilla de azúcar declarada como fármaco con propiedades específicas, se observa, en un alto porcentaje de los casos, que produce realmente el efecto del fármaco. Lo importante es que el sujeto crea que lo que está tomando es específicamente esta medicina concreta. Por ejemplo, se puede demostrar este proceso suministrando a una persona que sufra de insomnio una pastilla de *placebo* en vez de un verdadero somnífero; el paciente, en la mayoría de los casos, dormirá como si realmente hubiese tomado el fármaco.

Todo esto demuestra que el autoengaño puede tener efecto, no solo sobre las creencias y convicciones, y los consiguientes comportamientos, sino también sobre las reacciones fisiológicas de nuestro organismo. Esto hace aún más significativo el estudio de estos procesos como instrumento, en ciertos casos, de autocuración en algunas formas de patología.

Haciendo referencia a lo que ha sido dicho hasta aquí, y sobre la base de la experiencia clínica que, como ya he dicho, se basa mucho en los fenómenos sugestivos que se pueden producir mediante la comunicación interpersonal, en los últimos años me he interesado específicamente por la posibilidad de utilizar la lógica del autoengaño como estrategia personal de *self-help*.

El primer punto de partida de mis reflexiones y de las consiguientes experimentaciones, es, como bien saben los expertos en hipnosis, que la sugestión o la hipnosis, aunque sean inducidas por la comunicación de otra persona, desencadenan de cualquier modo un fenómeno de autosugestión y de autohipnosis. Por lo tanto, también la inserción de prescripciones terapéuticas sugestivo-hipnóticas, como aquéllas del capítulo anterior, en realidad movilizan en el sujeto algunos mecanismos autoilusorios que producen en él algunos efectos concretos de cambio. En otros términos, no se añade nada que la persona no tenga ya en sí misma, más bien se ponen en marcha procesos que movilizan en ella fenómenos de autoengaño terapéutico.

En consecuencia, puede ser posible, aunque sea más difícil en su aplicación, construir un tipo de modelo para la lógica del autoengaño terapéutico.

Algunos autores, como por ejemplo aquéllos de clara orientación sistémica, afirman que eso no es posible, ya que el sujeto está dentro de su sistema y no puede salir de éste para introducir allí nuevas ideas que conduzcan a un cambio real.

Estos autores, desde mi punto de vista, permaneciendo firmemente ligados a la teoría tradicional de los sistemas, subvaloran los efectos de la autoreflexividad de la mente, o sea, de la capacidad que tienen los seres humanos para construirse realidades virtuales efectivas mediante sus procesos de pensamiento y de imaginación, que representan verdaderas formas de salida del propio sistema, y que pueden tener el efecto concreto de conducir a nuevas disposiciones perceptivas y a consiguientes modalidades nuevas de reacción.

Si es verdad, como en la metáfora utilizada de Watzlawick (1989), que los humanos no pueden, como el barón de Münch-

El «self-help estratégico»: el autoengaño terapéutico

hausen «después de haber caído en un pantano, salir fácilmente de él empujándose hacia arriba agarrado a su coleta con la mano derecha, teniendo apretado entre las piernas al caballo», también es cierto que pueden evitar crear en su mente el pantano en el cual después puedan caer.

Con esto se quiere afirmar que hay muchos grados de dificultades y problemáticas hasta llegar a la patología, lo que hace la diferencia es el nivel en el cual se encuentre el sujeto. Es evidente que cuando el nivel de perturbación es elevado, la autocuración es decididamente improbable. Pero cuando el nivel de dificultad patógena no ha llegado a la constitución de una rígida modalidad perceptivo-reactiva, consideramos no solo posible sino auspiciable el recurrir a estrategias de autoengaño terapéutico; ya que si esto funciona, la persona gana en autoestima, sentido de competencia personal y recursos reales de *problem-solving*.

Lo que sigue es una serie de indicaciones derivadas de la aplicación del modelo de *problem-solving estratégico* descrito anteriormente, en su formulación como modelo de psicoterapia para procesos de *self-help*.

Identificar las propias soluciones intentadas

El primer ejercicio de *self-help estratégico* para poner en práctica es observar y descubrir cuáles son las tendencias de nuestras reacciones que se repiten en el tiempo.

Con ello, se quiere indicar toda la serie de redundantes modalidades de acción y reacción que cada uno de nosotros puede fácilmente identificar al valorar la forma en qué regular-

Psicosoluciones

mente afrontamos los problemas que hasta el momento hemos encontrado en nuestro camino.

Obviamente, se deben identificar tanto las soluciones intentadas que han funcionado como aquéllas que no han funcionado, pero, sobre todo, debemos identificar las tendencias de reacción de carácter repetitivo. Puede parecer una afirmación un poco dura, pero, como revela la psicología que estudia los procedimientos de *problem-solving*, nuestra mente tiende a construir breviarios de estrategias que se repiten, también, con respecto a diferentes problemas.

Como Henry Laborit ha demostrado en sus estudios experimentales, el cerebro humano construye circuitos sinápticos relacionados con breviarios de reacciones comportamentales específicas, con respecto a determinadas situaciones que el organismo ha encontrado anteriormente en otras ocasiones. Estos circuitos hacen que cada vez que nos enfrentemos a situaciones similares o del mismo tipo, las reacciones se desencadenen espontáneamente, más allá de los razonamientos y de las anticipaciones cognitivas.

Todo esto deja claro cómo cada uno de nosotros, sin mucha dificultad, puede identificar sus propias tendencias a emplear redundantemente habituales estrategias de solución.

Lo cual en sí mismo no es patógeno; la patología surge, como expuse en el primer capítulo, cuando esas tendencias se vuelven rígidas y nosotros no somos capaces de modificarlas, ni siquiera frente a su evidente fracaso. Por lo tanto, el primer paso estratégico que debemos desarrollar con nosotros mismos es adquirir la conciencia de nuestras propias «soluciones intentadas» habituales.

El «self-help estratégico»: el autoengaño terapéutico

Incrementar las posibilidades de elección

Una vez identificadas las propias soluciones intentadas, el paso siguiente es analizar alguna de las situaciones problemáticas y tratar de encontrar, más allá de lo que surge de forma espontánea, al menos otras cinco posibles estrategias de solución. Este procedimiento puede parecer simple, pero invito al lector a que haga el experimento.

No es nada fácil encontrar cinco diferentes posibilidades para afrontar el mismo problema. En la experiencia de formación de mis alumnos, resulta bastante fácil para cada uno de ellos llegar a tres posibilidades, pero proponer como mínimo cinco soluciones resulta, la mayoría de las veces, una tarea ardua. Para emprender dicha empresa, la sugerencia más eficaz es preguntarse, en el momento en que se nos presenten más ideas alternativas, cómo vería esa situación y cómo reaccionaría ante ella otra persona que conozcamos, tratando durante esta indagación de ponernos en el lugar de la persona elegida. Esta simple estrategia, la mayoría de las veces, desbloquea nuestra capacidad de crear alternativas.

Una vez identificadas al menos cinco posibilidades estratégicas, debemos comenzar a aplicar la primera y determinar sus efectos. Si en poco tiempo ésta no produce resultados, o si los que produce son indeseados, se debe continuar con la segunda posibilidad y proceder del mismo modo. Este juego mental, aparentemente simple pero laborioso, nos evita caer en la trampa de la rigidez de una determinada estrategia; trampa mental a la cual estamos naturalmente predispuestos como ya expuse.

Además, este procedimiento hace más flexible y creativa nuestra imaginación.

Cada cosa conduce a otra cosa

Cuando tenemos un problema, a menudo nos sentimos impotentes porque lo vivimos como algo insuperable en su complejidad, o bien, cuando tenemos varios problemas relacionados entre sí, nos parece imposible resolverlos porque son demasiados.

En este caso, bastante frecuente, se debe recordar que tanto en la naturaleza como en los fenómenos mentales y sociales, incluso el elemento más grande está compuesto por muchos pequeños elementos. Incluso dentro del sistema más complejo y articulado, si se introduce un pequeño cambio se producirá una reacción en cadena que conducirá a subvertir todo el equilibrio.

Por consiguiente, cuando se presentan grandes problemas, es mejor concentrarse en el cambio más pequeño pero más concreto que se pueda producir, el cual será seguido por otro pequeño cambio, que a su vez será seguido por otro pequeño cambio, hasta llegar a la suma de pequeños cambios que conducirán al gran cambio. En otros términos, se utiliza la estrategia de «dispersar las tropas del enemigo para atacarlas en pequeños grupos y tener así siempre ventaja sobre ellas».

Todo esto, además de hacer posible y hacer más fácil el logro de un cambio efectivo de la situación problemática, reduce en gran medida la ansiedad y el sentido de impotencia ini-

El «self-help estratégico»: el autoengaño terapéutico

cial, incrementando desde el principio la confianza en el éxito final.

La técnica del escalador

Directamente relacionada con la técnica anterior es la técnica que toma su nombre de la labor que realizan los guías expertos en planear la escalada de una montaña. Ellos, en vez de partir de la falda de una montaña para estudiar el recorrido a seguir, comienzan desde la cima y descienden estudiando el itinerario y sus respectivas etapas hasta llegar a la base de la montaña. Se ha demostrado empíricamente que por medio de este procedimiento se puede evitar la proyección de caminos divergentes respecto al objetivo de trazar el recorrido más favorable para llegar a la cima. Cuando se tiene un problema complejo, con el objetivo de construir una estrategia eficiente además de eficaz, es muy útil comenzar desde el objetivo que se quiere alcanzar e imaginar la etapa inmediatamente anterior, después la etapa aún más anterior, hasta llegar al punto de partida. Todo esto con el fin de subdividir el recorrido en una serie sucesiva de etapas; lo que supone fraccionar el objetivo final en una serie sucesiva de microobjetivos.

Como el lector comprenderá, esta estrategia mental permite construir más fácilmente la técnica, anteriormente descrita, de comenzar a enfrentar un problema buscando producir concretamente un pequeño cambio.

Hasta aquí hemos expuesto algunas indicaciones de *self-help* relacionadas con la construcción funcional de un proyecto de cambio o de una estrategia de solución de un problema. De aquí en adelante nos ocuparemos, en cambio, de algunas técnicas que se pueden autoprescribir, con el fin de detener algunas de nuestras tipologías de bloqueos emotivos o perceptivos.

Las estrategias descritas arriba están relacionadas con la construcción mental de estrategias de autoengaño, es decir, secuencias de pensamientos y de acciones cuyo objetivo es alcanzar la meta perseguida que ha sido fijada con antelación. Por lo tanto, el procedimiento de dichas estrategias establece tácticas y técnicas específicas idóneas para desbloquear particulares situaciones emotivas o comportamentales.

A continuación se expondrá una breve reseña de estas tácticas y técnicas.

¿Cómo empeorar la situación?

Esta técnica representa, la mayoría de las veces, el primer paso que uno mismo debe hacer para producir reacciones alternativas a las que están en curso.

La técnica se expresa al preguntarse repetidamente, durante algunos días: «¿Cómo podría empeorar las cosas?, ¿cómo podría, si quisiera, voluntaria y deliberadamente, incrementar la situación problemática en la que me encuentro?, ¿cómo debería pensar o no pensar para empeorar aún más las cosas?».

Al realizar este tipo de preguntas, la persona que se encuentra en una situación difícil y aparentemente sin solución se

El «self-help estratégico»: el autoengaño terapéutico

obliga a tratar de orientar la propia construcción estratégica hacia el objetivo de empeorar la situación en vez de mejorarla. El efecto de esto normalmente puede ser de dos tipos:
a) la persona descubre toda una serie de modalidades de pensamiento y de acción para empeorar la situación. En este caso sabrá qué tendrá que evitar hacer o pensar, y esto es ya una forma de detener las eventuales «soluciones intentadas» que mantienen o complican el problema;
b) muy a menudo, cuando estimulamos nuestra fantasía en la dirección de complicar nuestros problemas, surgen involuntariamente soluciones alternativas nunca imaginadas hasta el momento. Éste es el efecto, bastante conocido, de recurrir a la lógica paradójica en la comunicación entre la mente y la mente misma: como en muchas técnicas que hemos descrito, se utiliza el diálogo autorreflexivo, propio del ser conscientes, como campo de aplicación de estrategias de cambio.

Lao Tsé, hace 4.000 años aproximadamente, afirmaba: «si quieres enderezar algo, primero intenta retorcerlo aún más».

Imaginar el escenario más allá del problema

Esta técnica puede tener muchas variantes; su objetivo es desviar nuestra atención del problema actual y proyectarla en un futuro sin el problema.

En otros términos, se debe, proyectándose mediante la imaginación de situaciones concretas más allá del problema presente, tratar de reconocer cuáles podrían ser nuestras percepciones, pensamientos y acciones en tal contexto. Para que sea más fácil, se pueden utilizar algunos expedientes fantasiosos. Steve de Shazer propone «la fantasía del milagro»: «Imagina que despiertas mañana por la mañana; durante la noche anterior se ha producido un milagro y tu problema ha desaparecido, ¿cómo podrías darte cuenta de ello? ¿Cuáles serían los indicadores que te podrían decir que las cosas han cambiado? ¿Qué te gustaría hacer?».

Utilizando una técnica menos sugestiva, ustedes mismos pueden imaginar el escenario concreto de la situación futura en la cual ya no existe el problema.

De todas formas, lo que se está provocando es, en primer lugar, un efecto sugestivo del tipo «profecía que se autorrealiza», ya que si yo imagino la posibilidad de un cambio milagroso o de una situación en la cual el problema se ha solucionado, abro, de esta manera, mis expectativas hacia esta dirección; ya hemos explicado cómo esto puede tener en sí mismo un efecto terapéutico. En segundo lugar, el desviar nuestra atención de un presente problemático y fijarla en un futuro no problemático, produce un relajamiento de la tensión actual y un bloqueo de las actuales «soluciones intentadas»; todo esto produce un alivio concreto y abre la posibilidad de modalidades perceptivas reactivas de carácter alternativo.

La técnica del «como si»

Estrechamente vinculada con la técnica anterior, pero mucho más orientada a una intervención activa sobre el presente problemático, es la técnica del *como si*, a la cual ya hemos hecho referencia varias veces durante la exposición. Dicha técnica se expresa al preguntarse: «¿qué haría hoy de diferente?, ¿cómo me comportaría hoy si el problema que tengo desapareciera?». Entre las cosas que aparezcan en la mente, buscaremos escoger la más pequeña y la pondremos en práctica.

Cada día nos haremos esta pregunta y todos los días pondremos en práctica la acción más pequeña de las que hemos imaginado, como si el problema ya no existiera.

De esta manera, como ya se ha explicado, se produce cada día un pequeño cambio que producirá una reacción en cadena de cambios posteriores, hasta llegar a subvertir totalmente las anteriores modalidades de percibir y enfrentarse de forma contraproducente al problema.

Como en la teoría de las catástrofes (Thom, 1990) se produce el «efecto mariposa», es decir, el aleteo de la mariposa que, en un espacio y un tiempo determinados, produce una reacción en cadena de eventos naturales que crearán un ciclón a algunos miles de kilómetros de distancia de aquel pequeñísimo evento inicial.

Esta técnica de autoengaño, al basarse en la creación de acciones *como si* una realidad fuese de un modo determinado, aunque sepamos que dicha realidad es ficticia, empuja a nuestras resistencias a desarrollar pensamientos y acciones alternativos a los anteriormente utilizados.

Un engaño funciona mejor que una acción realmente creída, mas el engaño reiterado se convierte en realidad.

La magia de este autoengaño está precisamente en que transforma gradualmente nuestra forma de construir la realidad y así la persona que la sufría pasa a manejarla.

Las peores fantasías

Cuando nos ocurre que sufrimos por algo que nos ha salido mal, o por alguna culpa, o por algún incidente desagradable vivido en el curso de nuestra existencia, casi todos nosotros tenemos la tendencia a tratar de contener nuestro sufrimiento intentando racionalizar lo que ha sucedido o tratando de no pensar en ello, esforzándonos por olvidar. Pero racionalizar un sufrimiento emotivo es el mejor modo para sacar por la puerta algo que vuelve a entrar, después, por la ventana. De esta manera, el dolor parece cada vez más fuerte, entonces, esto no solo es inútil sino que la mayoría de las veces incrementa el sufrimiento.

El tratar de no pensar en algo resulta ser el mejor modo para pensarlo más, ya que *pensar en no pensar es ya pensar*.

Esforzarse por olvidar, además, teniendo en cuenta que el acto de olvidar es algo involuntario, hace voluntario lo que no lo es, con el resultado que terminamos por inhibirlo; por lo tanto, el efecto será que mantenemos mucho más presente en nuestra memoria lo que queríamos cancelar.

En este caso, la técnica que tiene un poder verdaderamente sorprendente es aquélla de hallar un espacio a diario, específicamente planeado, con un comienzo y un final, en el cual concentremos al máximo las fantasías que más nos hacen sufrir, con el fin de que podamos canalizar y exteriorizar nuestro sufrimiento.

Por lo regular, el efecto puede ser que:
    a) se logra estar peor en este espacio. Esto produce un alivio del sufrimiento, a lo largo del día, al estar fuera de

este espacio, conduciendo gradualmente a que metabolicemos y superemos el sufrimiento;
b) dentro del espacio predeterminado para sufrir, por efecto paradójico, no se logra estar mal. Mientras más se busca estar mal, más se tienen reacciones contrarias. Este es el caso más frecuente, con base a ello nos podemos ejercitar en la utilización de esta técnica como estrategia constante para combatir los momentos críticos.

Se puede ejercitar tal tipo de exasperación paradójica de las sensaciones y de los pensamientos negativos, cada vez que éstos aparezcan. En otros términos, se puede «tocar el fondo para regresar a flote» cada vez que comenzamos a sentirnos ahogados en nuestros estados de ánimo.

Emil Cioran relata en su obra *Ejercicios de admiración*, cómo aprendió, cada vez que se enfurecía con alguien, a tomar papel y lápiz, y a escribir las peores cosas sobre esa persona. Refiere que cada vez que hacía esto, se atenuaban, después de poco tiempo, la rabia, el odio o la depresión, hasta que desaparecían del todo. Después afirma que, gracias a esta estrategia, logró soportarse a sí mismo y a muchas de las cosas del mundo.

Evitar evitar

Una de las tendencias más comunes entre los seres humanos cuando tienen un problema es tratar de evitarlo o evitar las situaciones que lo pueden exasperar.

De esta manera, sin embargo, como ha sido descrito en la primera parte de este volumen, confirmamos nuestra incapacidad de afrontar el problema. Cada escape conduce a otro escape que confirma el anterior y prepara el siguiente, pero tal cadena de escapes alimenta e incrementa nuestra sensación de inseguridad e incompetencia personal. Por lo tanto, es necesario prescribirse «evitar evitar», asumiendo ésta como regla de fondo en nuestra interacción con la realidad que continuamente construimos y por la cual después sufrimos.

Esta forma de autoengaño terapéutico no debe ser confundida con la exhortación de ponerse a prueba constantemente, en cuanto esta estrategia es, como veremos después, decididamente contraproducente, a veces realmente catastrófica en sus efectos. Evitar evitar significa no renunciar a ninguna de las situaciones que nuestra existencia ordinaria nos propone, por el miedo a sufrir por ellas o por no ser capaces de afrontarlas. Es necesario enfrentarse a las realidades que nos causan temor como si fueran ocasiones para adquirir nuevas experiencias de aprendizaje y de crecimiento personal, incluso las derrotas. Más bien, utilizar el miedo de los efectos dañinos que podría producirnos el evitar repetidamente el enfrentamiento con los problemas, como recurso para superar el miedo de cada singular situación que quisiéramos evitar. Usar el miedo contra el mismo miedo. El límite de cada miedo es, en efecto, un miedo más grande.

Se evita, de tal forma, la construcción de la triste realidad descrita por el poeta Pessoa: «En este momento estoy llevando las heridas de todas las batallas que he evitado».

El «self-help estratégico»: el autoengaño terapéutico

Esforzarse por no esforzarse

Para algunos de nosotros, lo que se produce como tendencia natural frente a una dificultad es una reacción de mayor empeño, mayor esfuerzo en el intento de enfrentar las cosas que nos están saliendo mal. La mayoría de las veces, esto se manifiesta en la tendencia a insistir obstinadamente en aplicar soluciones tentativas que no funcionan o en ponerse continuamente a prueba, buscando siempre nuevas confirmaciones de las capacidades propias, con el efecto de incrementar la necesidad de confirmación y la consiguiente inseguridad personal.

En otros casos, el esfuerzo está dirigido al control de las propias emociones y de la propia impulsividad; también en este caso el resultado más frecuente es la incapacidad, aún mayor, de controlar nuestras reacciones emotivas.

Es igualmente interesante resaltar que quien logra frenar su impulsividad, la mayoría de las veces termina desencadenando un proceso de control obsesivo de sus propias reacciones, que conduce al establecimiento de una compulsión basada en una incontrolable necesidad de control, incluso en cosas irrelevantes.

El resultado final es que el control alcanzado conduce a una forma de pérdida de control del control mismo, o bien tal inclinación se convierte en compulsión.

En otros términos, el autoengaño del esforzarse por no esforzarse, para incrementar la confianza en los propios recursos, puede ser metafóricamente resumido en la historia «del dragón que busca la perla de la virtud suprema. Él la busca por todas partes, por mar y tierra, en las selvas y en los desiertos, sin lograr encontrarla nunca, y continuará buscándola hasta el infinito si no se mira en un espejo de agua, para darse cuenta de que la perla de la virtud está incrustada sobre su cresta, exactamente sobre sus ojos».

Enmarcar los recuerdos

¿Quién de nosotros no tiene algún recuerdo desagradable o triste? Nadie. Esta simple sentencia, casi banal, debe hacernos reflexionar sobre la importancia de las atribuciones que damos a nuestros recuerdos desagradables; ya sean cercanos o lejanos, no pueden ser algo irrelevante para nuestros estados de ánimo actuales. Sobre este argumento se ha trabajado y escrito mucho, desgraciadamente casi exclusivamente con enfoque psicoanalítico, es decir, con la necesidad «terapéutica», aún por comprobar del todo, de buscar en nuestra memoria los «traumas» del pasado que han producido los problemas del presente.

Aquello que, en cambio, no se ha estudiado en profundidad, es nuestra capacidad, mediante específicas formas de autoengaño terapéutico, de transformar los recuerdos y de mantener su efecto positivo en nuestro presente (Madanes, 1992).

Todos nos relacionamos con nuestra memoria a través del modo particular en que la representamos, que está profundamente influenciado por nuestros estados de ánimo actuales que, a veces, son influenciados por malos o buenos recuerdos. Considerada esta influencia recíproca y circular entre estados mentales actuales y memoria, se puede utilizar el autoengaño

El «self-help estratégico»: el autoengaño terapéutico

para orientar ese mecanismo en la dirección más funcional para nosotros.

Una técnica para gobernar positivamente nuestra memoria es imaginar que construimos en nuestra mente una galería con muchos cuadros bellos, cada uno con una imagen importante de nuestro pasado.

Obviamente, dentro de esas imágenes existirán al menos algunas que nos causarán sufrimiento; entre ésas deberemos tratar de encontrar por lo menos una que nos provoque también una sensación positiva. Aun en las experiencias más tristes se puede encontrar, observando bien los antecedentes, o eventualmente las reacciones posteriores, algo bello o placentero. Esta imagen será la que debemos destacar en el cuadro de aquel recuerdo, de modo que al volver a verlo, éste no nos produzca un sentimiento desagradable, sino al menos una sensación placentera, aunque sea mínima.

De tal forma se construye en nuestra mente una especie de galería de obras pictóricas nuestras, que contienen recuerdos placenteros y no placenteros, pero cada uno con una imagen que provoca una inmediata sensación de agrado. Gracias a este proceso de autoengaño podemos transformar, orientándolo hacia resultados positivos, el efecto de la memoria sobre nuestro estado de ánimo presente.

Permítaseme dar un ejemplo concreto para ilustrar esta técnica que, de otro modo, podría parecer poco clara en su aplicación.

Pongamos el caso que yo tenga en mi pasado una serie de historias amorosas, cada una con su particular dinámica, entre las cuales alguna me ha dejado un sabor amargo en la boca.

Yo puedo construir mi galería de cuadros de los recuerdos con un cuadro para cada una de estas historias, enmarcando para cada una de ellas la imagen más bella que ha quedado en mi memoria.

De este modo, será nostálgico pero agradable de vez en cuando, tal vez cuando estemos solos, ir a visitar a nuestra propia galería de recuerdos, que, al devolvernos sensaciones placenteras, asociadas a aquellas bellas imágenes de nosotros mismos que anteriormente seleccionamos, influenciará positivamente nuestro estado de ánimo presente, y a su vez el recuerdo de aquellas personas.

Debo confesar al lector que éste es uno de los autoengaños terapéuticos de los que he hecho más amplio uso.

El «sano egoísmo»

Todos nosotros hemos sido educados para sentirnos culpables cada vez que actuamos, o incluso pensamos, algo que resulte directamente ventajoso para nosotros mismos. Tal reacción se deriva del hecho que se asocia cualquier comportamiento egoísta con una ventaja propia en perjuicio de los otros, como si fuese inevitable que mi ventaja se correspondiera con la desventaja ajena.

Esta concepción, que tiene raíces antiguas en la cultura moralista occidental, tiene algunos efectos bastante negativos sobre lo que pensamos de nosotros mismos y de nuestras acciones, conduciéndonos exactamente a que nos consideremos malas personas en el momento en que perseguimos egoístamente un objetivo. A causa de tal convicción, se tiende a incrementar la frecuencia de actitudes y comportamientos de tipo altruista. Sin embargo, si se analiza bien, desde un punto de vista estrictamente lógico, el altruismo no es más que una forma perversa de egoísmo, ya que el altruista disfruta dando a los otros, pero de este modo también disfruta él.

Además, incluso cuando el comportamiento altruista es el del sacrificio, costoso para el individuo, el efecto de esto no resulta tan maravilloso como el moralismo tradicional quisiera indicar.

El comportamiento altruista, en efecto, como Elster (1979) resalta, conduce a la construcción de interacciones sociales basadas en la realidad de unos que dan y otros que reciben, pero el altruista necesita de egoístas, como veremos «insanos», que reciben lo que él da. La interacción entre altruistas se convierte en una insostenible *escalation* simétrica, ya que el altruista necesita del egoísta para sobrevivir como tal. En realidad, el tipo de relación que se basa en el comportamiento altruista tiende a construir, por otra parte, personas que se habitúan a recibir sin dar y que, en consecuencia, no desarrollan su propio sentido de responsabilidad.

El mejor ejemplo de todo esto se obtiene observando la historia de la familia italiana en el último decenio, caracterizada por un sólido incremento del hábito sobreprotector de los padres respecto a sus hijos. Esta sobreprotección relacional, que no es más que un efecto del sacrificio altruístico de los padres por a sus hijos, ha producido una realidad juvenil constituida por relevantes inseguridades y escaso sentido de la autonomía y la responsabilidad. Esta consecuencia del intento bien logra-

Psicosoluciones

do por parte de las familias, de allanar el camino a los hijos, buscando evitarles los obstáculos y los sufrimientos propios de su crecimiento, sacrosanta vocación de los padres al sacrificio, conlleva también, sin embargo, el negarle a los hijos la posibilidad de conocer sus propios recursos y de obtener seguridad personal mediante la experiencia de superar obstáculos.

Este proceso conduce al establecimiento, en quien recibe, del comportamiento egoísta complementario al altruismo, caracterizado por la tendencia a tomar o recibir sin ningún esfuerzo o sin dar nada a cambio; es esto lo que podríamos definir como egoísmo patógeno para sí mismos y para los otros.

Cuanto ha sido escrito hasta aquí, aunque puede parecer una disertación puramente filosófica, conduce a asumir, y éste es el importante autoengaño terapéutico, que si debemos sentirnos culpables cuando realizamos algo de forma egoísta, deberíamos sentirnos aún más culpables cuando realizamos algo en forma altruista.

El lector se preguntará cómo es posible escapar de este dilema.

Pues bien, una vez más el lógico noruego Jon Elster nos indica una salida, definida por mí como el «sano egoísmo». Este autor, proponiendo un cálculo rigurosamente lógico-matemático, muestra cómo un comportamiento egoísta inteligente puede ser el comportamiento social más adecuado. Él, en efecto, afirma que el *egoísta estratégico* es aquél que estima que, para obtener los máximos beneficios en la relación con los otros, el comportamiento más efectivo es comenzar a dar para recibir. Él distribuirá su capacidad de dar en pequeñas porciones a un mayor número de personas, quienes, en sumatoria, le retribuirán con

El «self-help estratégico»: el autoengaño terapéutico

más de lo que él ha dado. Este mecanismo, además, puede ser utilizado también por los otros, ya que el comportamiento entre egoístas de este tipo es complementario, o sea, se mantiene recíprocamente. El comportamiento del egoísta insano necesita del altruista y el del altruista necesita del egoísta insano.

En otros términos, aquél que adopta la actitud del egoísta sano, sigue la indicación de Lao Tsé: «si quieres recibir, comienza dando». Esa persona transforma la interacción con los otros, pasando de una interacción en la cual alguien gana y alguien pierde, lo que en la teoría de los juegos se define como un juego a suma cero, en una interacción en la cual o todos ganan o todos pierden, un juego con una suma diferente a cero.

Lo interesante es que tal efecto de cooperación ventajosa para todos se obtiene partiendo de un comportamiento declaradamente egoísta que produce el efecto de un intercambio sano altruístico entre los seres humanos.

Toda esta disertación ha sido necesaria para indicar bien al lector la necesidad de transformar el autoengaño de sentirse obligado consigo mismo a evitar los comportamientos egoístas, por un autoengaño basado en el prescribirse el «sano egoísmo». Nos libera de nuestra tendencia a querer hacer el bien de manera excesiva a nuestras personas queridas, convirtiéndonos en personas incapaces de construir relaciones sanas y funcionales, con nosotros mismos y con los demás. Esta nueva actitud, además, nos emancipa del sentimiento de culpa cada vez que hacemos algo sólo para nosotros mismos, ya que, desde esta perspectiva, buscar nuestro bienestar corresponde a que las personas que están a nuestro alrededor estén mejor.

No olvidemos que el egoísmo en el fondo no es más que «la visión en perspectiva de la realidad; todo lo que se aleja de nosotros se empequeñece». (Nietzsche, *La ciencia elegante*).

Prescribirse la fragilidad

La última sugerencia que puede ser indicada, en la óptica de la utilización de procesos de autoengaño funcional, es la relativa a la relación que cada uno de nosotros tiene con sus propias debilidades. También en este caso, tenemos la opinión general que la fragilidad o la flexibilidad corresponden siempre con algo absolutamente negativo. Sin detenerse demasiado en la evidente inverosimilitud de esa creencia, es útil partir de la constatación de cómo «cada supuesta virtud volcada sobre sí misma se convierte en un defecto, así como cada supuesto defecto puede, asimismo, convertirse en una virtud».

Del mismo modo, nuestra debilidad puede convertirse en fortaleza si no es negada sino dirigida y utilizada.

La negación de la propia fragilidad, en efecto, expresada en el rechazo a aceptar nuestros límites y nuestras debilidades, contribuye a que éstas sean ingobernables y que, por lo tanto, en determinadas situaciones nos trastornen. Si, al contrario, nos ponemos en la posición de quien no sólo acepta su propia fragilidad sino que se la prescribe, el efecto es, en la mayoría de los casos, la reducción o el anulamiento de los resultados negativos que esas debilidades pueden producirnos. El ejemplo más concreto es el relativo a los considerados hombres sin miedo: aquellas personas que practican actividades extremas

El «self-help estratégico»: el autoengaño terapéutico

(exploradores de los límites, equilibristas, etc.,); estas personas en realidad, como ellos mismos afirman, no están exentos de sentir miedo, por el contrario lo sienten, lo aceptan y lo emplean como recurso para afrontar las condiciones extremas a las cuales se someten. De manera que, en este caso, obviamente extremo, los temblores se convierten incluso en una especie de placer.

Lo que resulta significativo incluso para las personas comunes, quienes no deben exponerse a situaciones de extremo riesgo o sufrimiento, es el autoengaño paradójico dirigido a ellos mismos, ya que por medio de esta terapia no dejan de expresar su propia debilidad, sino que se la prescriben. Si yo hago voluntario, como ya he referido, algo que podría presentarse espontáneamente, inhibo su carácter incontrolable, y por consiguiente, reduzco su potencial disfuncional. Se usa, entonces, el mismo proceso que en otra situación conduciría a la construcción de una patología, en la dirección contraria. «Similia similibus curantur».

El juego, en este caso, consiste en transformar algo que sufrimos en algo que controlamos.

Una persona que declara serenamente, en determinadas circunstancias, su fragilidad a los demás, se muestra no sólo como alguien que no es frágil sino como alguien muy fuerte; porque es necesario tener mucho más coraje y fuerza para declarar la propia debilidad que para ocultarla.

Viene a la memoria el viejo sabio que benévolamente dice a su nieta, que está llorando: «A veces, sabes, se debe tener mucho coraje y mucha fuerza para llorar...».

Para resumir, el autoengaño terapéutico consiste en auto-

Psicosoluciones

convencerse de que nuestras fragilidades, desde el momento en que nos las prescribimos, se vuelcan sobre sí mismas, convirtiéndose en recursos; mientras que si intentamos reprimirlas o contenerlas, nos trastornan. Tal solución autoinducida conduce, además, a *evitar evitar* las situaciones temidas, a *esforzarnos por no esforzarnos* en el control de nuestros impulsos y a comportarnos «como si» fuésemos capaces de superar nuestros límites, de manera que podremos reorientar una espiral de actitudes y comportamientos disfuncionales en una espiral inversamente positiva; se transforma así un círculo vicioso en un círculo virtuoso.

Por otra parte, hace algunos milenios, Lao Tsé ya afirmaba: «Las más flexibles entre todas las cosas pueden ganar a las más rígidas [...]. Que lo flexible venza a lo resistente y lo frágil a lo duro es un hecho bien sabido por todos, pero de lo cual nadie se beneficia [...]».

EPÍLOGO

Considero que la mejor conclusión para la presente exposición es la de enmarcar sugestivamente la obra, resaltando algunos detalles relevantes que puedan quedar placenteramente anclados en la mente del lector.

El primero de ellos es, con palabras de Herman Hesse: «No se puede enseñar la verdad [...] porque la paradoja de las paradojas es que el contrario de la verdad es igualmente verdadero» (*Siddharta*).

Se puede aprender, en la mejor de las hipótesis, a ser *operativamente conscientes* y capaces, por lo tanto, de gobernar estratégicamente nuestra realidad.

El segundo se refiere a cómo, al final de esta lectura, ha quedado claro lo que George Lichtenberg afirmaba ya hace más de dos siglos: «El hombre es tan perfectible y corruptible que puede volverse loco mediante su razón».

Si este proceso funciona en una dirección, puede funcionar también en la dirección contraria, o como decía el Buddha Sakyamuni: «Vosotros sois los artífices de vuestra condición pasada, presente y futura. La felicidad o el sufrimiento dependen de vuestra mente y de vuestras interpretaciones de la realidad».

Tercer detalle: cada uno de nosotros vive de inevitables autoengaños; lo que constituye la diferencia es la dirección en que éstos están orientados. La terapia, entonces, consiste en conducir al sujeto a construir los autoengaños que le resulten más funcionales; o sea, guiar a la persona hacia nuevos descubrimientos sobre sí mismo, pero con las palabras de Marcel Proust: «el verdadero descubrimiento no es ver nuevos mundos, sino cambiar la mirada».

Todo esto puede obtenerse rápidamente, si se enseña a las personas no *qué* y *por qué* pensar sino *cómo* observar y *cómo* actuar.

Incluso los problemas más complicados, en efecto, pueden resolverse en cortos períodos si se encuentra la clave indicada.

La última cuestión que me gustaría fijar en la mente del lector, ya que desde mi punto de vista resume en clave positiva todo lo demás, es la siguiente sugerencia de Lichtenberg: «Convertir cada instante de la vida en el mejor posible, de cualquier forma que el destino nos lo envíe: en esto consiste el arte de vivir».

BIBLIOGRAFÍA

Ainslic, 1981, citado en J. Elster, op.cit., 1985.

Anónimo, *I 36 stratagemmi: l'arte cinese di vincere*, «Las 36 estratagemas: el arte chino de vencer», Guida Editori, Napoli, 1990.

G. Bateson, *Perceval's narrative - A Patient's Account of His Psychosis*, «La narrativa de Percerval - El recuerdo de la psicosis de un paciente», Standford Univ. Press, Stanford, CA, 1961.

G. Bateson, «Cybernetic explanation», «La explicación cibernética», *American Behavioral Scientist*, 10, pp. 29-32, 1967.

G. Bateson, *Steps to an ecology of mind*, Ballantine Books, New York, 1972 (tr. it. *Verso un'ecologia della mente*, «Hacia una ecología de la mente», Adelphi, Milano, 1976).

G. Bateson, *Mind and nature: A necessary unity*, Dutton, New York, 1979 (tr. it. *Mente e natura*, «Mente y naturaleza», Adelphi, Milano, 1984).

G. Bateson, Don D. Jackson, «Some varieties of pathogenic organization», «Algunas variaciones de la organización patogéna», en D. McK. Rioch (ed.), *Disorders of Communication*, vol. 42, pp. 270-283, Research Publications Association for Research in Nervous and Mental Disease, 1964.

G. Bateson, Don D. Jackson, J. Haley, J. H. Weakland, «Toward a theory of schizophrenia», *Behavioral Science*, 1, pp. 251-264, 1956 (tr. it., *Verso una teoria della schizofrenia*, «Hacia una ecología de la esquizofrenia», en G. Bateson, *Verso un'ecologia della mente*, «Hacia una ecología de la mente», pp. 244-274, Adelphi, Milano, 1976).

Bibliografía

I. K. Berg, «Helping referral sources help», «Ayudando a las fuentes de ayuda», *Family Therapy Networker*, 9, pp. 59-62, 1985.

I. K. Berg, *Family-Based Services: A Solution-Focused Approach*, «Servicios basados en la familia: Una aproximación a la solución enfocada», Norton, New York, 1994.

I. K. Berg, S. de Shazer, «Wie man Zahlen Zum Sprechen bringt: Die Sprache in der Therapie», *Familiendynamik*, 1993.

B. Bloom, *Planned short-term therapy*, «Terapia a corto término», Allyn & Bacon, Needham Heights, 1995.

B. Cade, «I am an unashmed "expert"», *Family Therapy Networker*, 1994.

B. Cade, W. H. O'Hanlon, *A brief guide to Brief Theory*, «Una guía breve a una teoría breve», Norton, New York, 1993.

E. M. Cioran, *Esercizi di ammirazione*, «Ejercicios de admiración», Adelphi, Milano 1988.

E. M. Cioran, *Sillogismi dell'amarezza*, «Silogismos de la amargura», Adelphi, Milano, 1993.

N. Da Costa, «On the Logic of Belief», «La lógica de la fe», *Philosophical and Phenomenological Research*, 2, 1989a.

N. Da Costa, «The Logic of Self-Decepction», «La lógica de la autodecepción», *American Philosophical Quarterly*, 1, 1989b.

D. Davidson, 1980, cit. en J. Elster, op. cit., 1984.

S. de Shazer, «Brief therapy: Two's company», «Terapia breve: Compañía de dos», *Family Process*, 14, pp. 79-93, 1975.

S. de Shazer, *Patterns of brief family therapy*, «Patrones de terapia breve familiar», Guilford, New York, 1982a.

S. de Shazer, «Some conceptual distinctions are more useful than others», «Algunas distinciones conceptuales son más útiles que otras», *Family Process*, 21, pp. 79-93, 1982b.

S. de Shazer, «The death of resistance», «La muerte de la resistencia», *Family Process*, 23, pp. 11-17, 1984.

S. de Shazer, *Keys to solution in brief therapy*, Norton, New York, 1985 (tr. it. *Chiavi per la soluzione in terapia breve*, «Las claves para resolver en terapia breve», Astrolabio, Roma, 1986).

Bibliografía

S. de Shazer, *Clues: Investigating solutions in brief therapy*, «Investigando soluciones en terapia breve», Norton, New York, 1988a.

S. de Shazer, «Utilization: The foundation of solutions», «Utilización: la fundación de las soluciones», in J. K. Zeig, S. R. Lankton (eds.), *Developing Ericksonian therapy: State of the art*, «Desarrollando la terapia ericksoniana: Estado del arte», pp. 112-124, Brunner/Mazel, New York, 1988b.

S. de Shazer, *Putting difference to work*, «Poniendo diferencia al trabajo», Norton, New York, 1991.

S. de Shazer, «Creative Misunderstanding: There is no escape from language», «Malentendido creativo: No hay escapatoria al lenguaje», en S. Gilligan, R. Price (eds.), *Therapeutic Conversations*, Norton, New York, 1993.

S. de Shazer, *Words were originally magic*, «Las palabras fueron magia originalmente», Norton, New York, 1994.

S. de Shazer, A. Molnar, «Four useful interventions in brief family therapy», «Cuatro intervenciones útiles en terapia familiar breve», *Journal of Marital an Family Therapy*, 10, pp. 297-304, 1984.

S. de Shazer, I. K. Berg, E. Lipchik, E. Nunnally, A. Molnar, W. Gingerich, M. Weiner-Davis, «Brief therapy: Focused solution development», «Terapia breve: desarrollo de soluciones enfocadas», *Family Process*, 25, pp. 207-222, 1986.

M. Eigen, *Il gioco*, «El juego», Adelphi, Milano, 1986.

J. Elster, *Ulysses and the Sirens*, Cambridge University Press, Cambridge, 1979 (tr. it. *Ulisse e le sirene. Indagini sulla razionalità e l'irrazionalità*, «Ulises y las sirenas. Indagaciones sobre racionalidad e irracionalidad», Il Mulino, Bologna, 1983).

J. Elster (ed.) *The multiple self*, Cambridge University Press and Universitetfarlaget AS (Norwegian University Press), 1985 (tr. it. *L'io multiplo*, «El yo múltiple», Feltrinelli, Milano, 1991).

M. H. Erickson, «Special techniques of brief hypnotherapy», *Journal of Clinical and Experimental Hypnosis*, 2, pp. 109-129,

Bibliografía

1954a (tr. it., «Tecniche speciali di ipnoterapia breve», «Técnicas especiales de hipnoterapia breve», en M. H. Erickson, *Opere*, vol. IV, pp. 179-206, op. cit.).

M. H. Erickson, «Naturalistic techniques of hypnosis», *The American Journal of Clinical Hypnosis*, 1, pp. 3-8, 1958 (tr. it., «Tecniche naturalistiche di ipnosi», in J. Haley (ed.), *Le nuove vie dell'ipnosi*, «Las nuevas rutas de la hipnosis», pp. 604-632, Astrolabio, Roma, 1978).

M. H. Erickson, «The confusion technique in hypnosis», *American Journal of Clinical Hypnosis*, 6, pp. 183-207, 1964 (tr. it., «La tecnica della confusione in ipnosi», «La técnica de la confusión en hipnosis», en M. H. Erickson, *Opere*, vol. I, pp. 288-326, op. cit.).

M. H. Erickson, «The use of symptoms as an integral part of hypnotherapy», *The American Journal of Clinical Hypnosis*, 8, pp. 57-65, 1965 (tr. it., «L'uso dei sintomi come parte integrale dell'ipnoterapia», «El uso de las sintomatologías como parte integral de la hipnoterapia», en J. Haley (ed.), *Le nuove vie dell'ipnosi*, pp. 789-801, Astrolabio, Roma, 1978).

M. H. Erickson, *The collected papers of Milton H. Erickson on hypnosis*, vol. I, II, III, IV, Irvington, New York, 1980 (tr. it., *Opere,* vol I: *La natura dell'ipnosi e della suggestione,* «La naturaleza de la hipnosis y de la sugestión», vol. II: *L'alterazione ipnotica dei processi sensoriali, percettivi e psicofisiologici,* «La alteración hipnótica de los procesos sensoriales, perceptivos y psicofisiológicos», vol. III: *L'indagine ipnotica dei processi psicodinamici,* «La indagación hipnótica de los procesos psicodinámicos», vol. IV: *L'ipnoterapia innovatrice,* «La hipnoterapia innovadora», Astrolabio, Roma, 1982-84).

M. H. Erickson, E. L. Rossi, «Varieties of double bind», *The American Journal of Clinical Hypnosis,* 17, pp. 143-157, 1975 (tr. it., «Vari tipi di doppio legame», «Variaciones de vínculo doble», en M. H. Erickson, *Opere*, vol. I, pp. 469-489, op. cit.).

M. H. Erickson, E. L. Rossi, «Autohypnotic experiences of Milton H. Erickson», *The American Journal of Clinical Hypnosis*, 20,

Bibliografía

pp. 36-54, 1977 (tr. it., «Experienze autoipnotiche di Milton H. Erickson», «Experiencias autohipnóticas de Milton H. Erickson», en M. H. Erickson, *Opere*, vol. I, pp. 137-160, op. cit.).

M. H. Erickson, E. L. Rossi, *Hypnotherapy: An exploratory casebook*, Irvington, New York, 1979 (tr. it., *Ipnoterapia*, «Hipnoterapia», Astrolabio, Roma, 1982).

M. H. Erickson, E. L. Rossi, *Healing in hypnosis*, Irvington, New York, 1983 (tr. it., «Guarire con l'ipnosi», «Curando por medio de la hipnosis», en E. L. Rossi, M. O. Ryan, F. Sharp (eds.), *Seminari, dimostrazioni, conferenze*, vol. I, Astrolabio, Roma, 1984).

R. Fisch, J. H. Weakland, L. Segal, *The Tactics of change: Doing therapy briefly*, Jossey-Bass, San Francisco, 1982 (tr. it., *Change: le tattiche del cambiamento*, «Las tácticas de cambio», Astrolabio, Roma, 1983).

K. Gödel, «Veber formal unentscheidbare Sätze der Principia Mathematica und vervandter Systeme I», *Monatshefte für Mathematik und Physik*, 38, pp. 173-198, 1931 (tr. it. «Proposizioni formalmente indecidibili dei "Principia Mathematica" e di sistemi affini», «Proposiciones formalmente innombrables de los "Principia Mathematica" y de sistemas afines», en E. Agazzi, *Introduzione ai problemi dell'assiomatica*, «Introducción a problemas axiomáticos», Vita e Pensiero, Milano, 1961).

R. Grigg, *Il Tao delle Relazioni*, «El Tao de las relaciones», Corbaccio, Milano, 1996.

J. Habermas, *Etica del discorso*, «Ética del discurso», Laterza, Bari, 1985.

J. Habermas, *Teoria dell'agire comunicativo*, «Teoría de la acción comunicativa», Il Mulino, Bologna, 1986.

J. Haley, *Strategies of psychotherapy*, Grune & Stratton, New York, 1963 (tr. it., *Strategie della psicterapia*, «Estrategias de la psicoterapia», Sansoni, Firenze, 1985).

J. Haley (ed.), *Advanced techniques of hypnosis and therapy: Selected papers of Milton H. Erickson, M. D.*, Grune & Stratton, New

Bibliografía

York, 1967 (tr. it., *Le nuove vie dell'ipnosi*, «Las nuevas rutas de la hipnosis», Astrolabio, Roma, 1978).

J. Haley, *Uncommon therapy: The psychiatric techniques of Milton H. Erickson, M. D.*, Norton, New York, 1973 (tr. it., *Terapie non comuni*, «Terapias no comunes», Astrolabio, Roma, 1976).

J. Haley, *Problem solving therapy*, Jossey-Bass, San Francisco, 1976 (tr. it., *La terapia del problem solving*, La Nuova Italia Scientifica, Roma, 1985).

J. Haley, «The contributions to therapy of Milton H. Erickson, M. D» «Contribuciones a la terapia de Milton H. Erickson», en J. K. Zeig (ed.), *Ericksonian approaches to hypnosis and psycotherapy*, «Aproximaciones ericksonianas a la hipnosis y la psicoterapia», pp. 5-25, Brunner/Mazel, New York, 1982.

J. Haley, *Ordeal Therapy. Unusual ways to change behavior*, Jossey-Bass, San Francisco, 1984 (tr. it., *Il terapeuta e la sua vittima*, «El terapéuta y su víctima», Astrolabio, Roma, 1985).

J. Haley, *Conversation with Milton Erickson, M. D.;* vol. I: *Changing individuals*; vol. II: *Changing couples*; vol. III: *Changing families and children*, Triangle Press, Washington, 1985 (tr. it., *Conversazioni con Milton Erickson*, «Conversaciones con Milton Erickson»; vol. I: *Cambiare gli individui*; vol. II; *Cambiare le coppie*; vol. III: *Cambiare le famiglie e i bambini*, Astrolabio, Roma, 1987).

H. Hesse, *Siddharta*, Adelphi, Milano, 1975.

G. Lichtenberg, *Libretto di Consolazione*, «Pequeño libro de consolación», Rizzoli, Milano, 1981.

C. Madanes, *Strategic family therapy*, Jossey-Bass, San Francisco, 1981 (tr. it., *Per una terapia familiare strategica*, «Para una terapia familiar estratégica», La Nuova Italia Scientifica, Roma, 1987).

C. Madanes, *Behind the one-way mirror*, «Detrás del espejo unidireccional», Jossey-Bass, San Francisco, 1984.

C. Madanes, *Sex, Love and Violence*, «Sexo, amor y violencia», Norton, New York, 1990.

Bibliografía

C. Madanes, «Stories of Psychotherapy», en J. K. Zeig (ed.) *The Evolution of Psychotherapy: The Second Conference*, Brunner/Mozel, New York, 1992 (tr. it. «Storie di psicoterapia», en P. Watzlawick, G. Nordon (eds.), *Terapia breve strategica*, Cortina, Milano, 1997).

C. Madanes, *The violence of Man*, «La violencia del hombre», Jossey-Bass, San Francisco, 1995.

G. Nardone, *Suggestione ∅ Ristrutturazione = Cambiamento. L'approccio strategico e costruttivista alla psicoterapia breve*, «Sugestión ∅ Restructuración = Cambio. El método estratégico y constructivista de la terapia breve», Giuffrè, Milano, 1991.

G. Nardone, *Paura, Panico, Fobie*, «Miedo, pánico, fobias», Ponte alle Grazie, Firenze, 1993.

G. Nardone, *Manuale di sopravvivenza per psicopazienti*, «Manual de supervivencia para psicopacientes», Ponte alle Grazie, Firenze, 1994a.

G. Nardone, «La prescrizione medica: strategie di comunicazione ingiuntiva», «La prescripción médica: estrategias de comunicación inductiva», *Scienze dell'Interazione*, 1, 1, pp. 81-90, Pontecorboli, Firenze, 1994b.

G. Nardone, «Brief Strategic Therapy of Phobic Disorders: A Model of Therapy and Evalvation Research», «Terapia estratégica breve de los trastornos fóbicos: un modelo de investigación en terapia y evaluación», en J. H. Weakland, W. A. Ray (eds.) *Propagations: Thirty Years of Influence from the Mental Research Institute*, «Propagaciones: 30 años de influencia del Mental Research Institute», Haworth Press Inc., New York, 1995.

G. Nardone, P. Watzlawick, *L'Arte del Cambiamento: manuale di terapia strategica e ipnoterapia senza trance*, «El arte del cambio: manual de terapia estratégica e hipnoterapia sin trance», Ponte alle Grazie, Firenze, 1990.

F. Nietzsche, *Amore*, Adelphi, Milano, 1964.

F. Nietzsche, *Aurora*, Adelphi, Milano, 1981.

Bibliografía

F. Nietzsche, *La gaia scienza*, «La ciencia elegante», Editori Riuniti, 1985.

W. H. O'Hanlon, *Taproots: Underlying principles of Milton Erickson's therapy and hypnosis*, «Principios subyacentes en la terapia e hipnosis de Milton Erickson», Norton, New York, 1987.

W. H: O'Hanlon, «Possibility Therapy: From Iatrogenic Injury to Iatrogenic Healing», «Terapia de las posibilidades: del daño iatronégico a la cura iatronégica», in S. Gilligan, R. Price (eds.), *Therapeutic Conversation*, Norton, New York, 1993.

W. H. O'Hanlon, J. Wilk, *Shifting contexts: The generation of effective psychotherapy*, «Cambiando contextos: La generación de psicoterapia efectiva», Guilford, New York, 1987.

W. H. O'Hanlon, M. Weiner-Davis, *In search of solutions: A new direction in psychotherapy*, «En búsqueda de soluciones: una nueva dirección en psicoterapia», Norton, New York, 1989.

H. Omer, «From the one true to the Infinity of constructed ones», «De una verdad a la infinidad de verdades construidas», *Psychotherapy*, 29, pp. 253-261, 1992.

H. Omer, *Critical Interventions in Psychotherapy*, «Intervenciones críticas en psicoterapia», Norton, New York, 1994.

R. Orstein, *Multimind*, «Mente múltiple», Author Book, Boston, 1986.

B. Pascal, *Pensieri*, «Pensamientos», Einaudi, Torino, 1962.

F. Pessoa, *Il poeta come fingitore*, «El poeta como fingidor», Feltrinelli, Milano, 1993.

K. R. Popper, *Objective knowledge*, Oxford University Press, London, 1972 (tr. it., *Conoscenza oggettiva. Un punto di vista evoluzionistico*, «Conocimiento objetivo. Un punto de vista evolucionista», Armando, Roma, 1979).

R. Rosenthal, L. Jacobson, *Pygmalion in the classroom: teacher expectation and pupil's intellectual development*, Holt, Rinehart & Winston, New York, 1968 (tr. it., *Pigmalione in classe*, Angeli, Milano, 1983).

R. Thom, *Parabole e catastrofi*, «Parábolas y catástrofes», Il Saggiatore, Milano, 1990.

Bibliografía

H. von Foerster, «On Constructing a Reality», in W. F. E. Preiser (ed.), *Enviromental design research*, vol. 2, pp. 35-46, Dowden, Hutchinson & Ross, Stroudsburg, 1973 (tr. it., *Costruire una realtà*, «Construir una realidad», en P. Watzlawick (ed.), *La realtà inventata*, Feltrinelli, Milano, 1988).

H. von Foerster, «Notes pour une épistemologie des objects vivants», en E. Morin, M. Piatelli-Palmarini (eds.), *L'unité de l'homme*, «La unidad del hombre», Le Seuil, París, 1974.

H. von Foerster, *Sistemi che osservano*, «Sistemas que observan», Astrolabio, Roma, 1987.

H. von Foerster, «Las semillas de la cibernética. Obras escogidas», en M. Pakman (ed.), Gedisa, pp. 9-11, Barcelona, 1991.

E. von Glasersfeld, «An introduction to radical constructivism», en P. Watzlawick (ed.), *The invented reality*, Norton, New York, 1984 (tr. it., *Introduzione al costruttivismo radicale*, «Introducción al constructivismo radical», Feltrinelli, Milano, 1988).

E. von Glasersfeld, *Radical Constructivism*, «El constructivismo radical», The Falmer Press, London, 1995.

P. Watzlawick, *An Antology of Human Communication; Text and Tape*, «Antología de la comunicación humana», Science & Behavior Books, Palo Alto, CA., 1964.

P. Watzlawick, *How Real is Real?*, Random House, New York, 1976 (tr. it., *La realtà della realtà: confusione, disinformazione, comunicazione*, «La realidad de la realidad: confusión, desinformación, comunicación», Astrolabio, Roma, 1976).

P. Watzlawick, *Die Möglichkeit des Andersseins: zur Technik der therapeutischen Kommunikation*, Verlag Hans Hubert, Berna, 1977 (tr. it., *Il linguaggio del cambiamento: elementi di comunicazione terapeutica*, «El lenguaje del cambio: elementos de comunicación terapéutica», Feltrinelli, Milano, 1980).

P. Watzlawick (ed.), *Die erfundene Wirklichkeit*, Piper, Munich, 1981 (tr. it., *La realtà inventata*, «La realidad inventada», Feltrinelli, Milano, 1988).

P. Watzlawick, *Il codino del Barone di Münchhausen. Ovvero: psi-

Bibliografía

coterapia e «realtà», «La coleta del Barón de Münchhausen. O bien: psicoterapia y "realidad"», Feltrinelli, Milano, 1989.

P. Watzlawick, «Therapy is what you say it is», «La terapia es lo que usted diga que es», en J. K. Zeig, S. G. Gilligan (eds.), *Brief therapy: Myths, methods and metaphors*, «Terapia breve: mitos, métodos y metáforas», pp. 55-61, Brunner/Mazel, New York, 1990.

P. Watzlawick, G. Nardone (eds.), *Terapia breve strategica*, Cortina, Milano, 1997.

P. Watzlawick, J. H. Beavin, Don D. Jackson, *Pragmatics of Human Communication. A study of Interactional Patterns, Pathologies and Paradoxes*, Norton, New York, 1967 (tr. it., *Pragmatica della comunicazione umana. Studio dei modelli interattivi, delle patologie e dei paradossi*, «Pragmática de la comunicación humana. Estudio de los modelos interactivos, de las patologías y de las paradojas», Astrolabio, Roma, 1971).

P. Watzlawick, J. H. Weakland, R. Fisch, *Change: principles of problem formation and problem solution*, Norton, New York, 1974 (tr. it., *Change: la formazione e la soluzione dei problemi*, «Cambio: la formación y la solución de los problemas», Astrolabio, Roma, 1974).

J. H. Weakland, R. Fisch, P. Watzlawick, A. M. Bodin, «Brief Therapy: Focused Problem Resolution», *Family Process*, 13 (2), pp. 141-168, 1974 (tr. it., *Terapia breve: una soluzione focalizzata dei problemi*, «Terapia breve: una solución focalizada en los problemas», en P. Watzlawick, J. H. Weakland, *La prospettiva relazionale*, «La perspectiva relacional«, Astrolabio, Roma, 1978).

M. Weiner-Davis, S. de Shazer, W. Gingerich, «Building on pretreatment change to construct the therapeutic solution: An exploratory study», «Construyendo sobre un cambio preterapéutico para construir una solución terapéutica: un estudio exploratorio», *Journal of Marital and Family Therapy*, 13, pp. 359-363, 1987.

J. K. Zeig, «Seeding», «Sembrando», en J. K. Zeig, S. Gilligan (eds.), *Brief therapy: Myths, methods, and metaphors*, pp. 221-246, Brunner/Mazel, New York, 1990.